Cómo curar
la ansiedad
en los niños

SIN MEDICACIÓN NI TERAPIA

Título original: GUÉRIR L'ANXIÉTÈ DE NOS ENFANTS
Traducido del francés por Miguel Portillo
Diseño de portada: Editorial Sirio, S.A.

©   de la edición original
     2006, Les Éditions Quebecor
     7, chemin Bates
     Outremont (Québec)
     H2V 4V7
     www.quebecoreditions.com

©   de la presente edición
     EDITORIAL SIRIO, S.A.   **EDITORIAL SIRIO**   **ED. SIRIO ARGENTINA**
     C/ Panaderos, 14   Nirvana Libros S.A. de C.V.   C/ Paracas 59
     29005-Málaga   3ª Cerrada de Minas, 501   1275- Capital Federal
     España   Bodega nº 8 , Col. Arvide   Buenos Aires
                                   Del.: Alvaro Obregón   (Argentina)
                                   México D.F., 01280

www.editorialsirio.com
E-Mail: sirio@editorialsirio.com

I.S.B.N.: 978-84-7808-567-5
Depósito Legal: B-13.530-2008

Impreso en los talleres gráficos de Romanya/Valls
Verdaguer 1, 08786-Capellades (Barcelona)

Printed in Spain

L OUISE R EID

Cómo curar
la ansiedad
en los niños

editorial Sirio, s.a.

A Marie-Claire, Catherine, Ann-Michèle, Audrey, Juliette, Émile, Annie-Claudine, Frédéric, Samuel, Gabriel y Raphaëlle.

Prólogo

Con el paso de los años, he ido observando los innumerables estragos y la parálisis que la ansiedad puede provocar en personas adultas muy inteligentes y dotadas de coraje y voluntad. He sido testigo del desánimo y la desesperación plasmados en los rostros de personas que sólo querían vivir felices, pero que se hallaban encerradas en la negra oscuridad creada por una inquietud constante. Esas personas se sienten totalmente desprovistas de cualquier herramienta frente a su incapacidad para avanzar con normalidad y su dificultad para afrontar la vida. La mayoría de ellas o bien utiliza diversos medicamentos psicotrópicos o bien se niega a hacerlo a pesar de la insistencia del médico que las trata, y unas cuantas han intentado buscar ayuda en la psicología sin llegar a obtener resultados concluyentes.

Me he dado cuenta de que lo que une a las personas que sufren una intensa ansiedad es la cólera que suelen experimentar hacia sí mismas, pues se sienten como niños, totalmente desprotegidas ante temores que no aciertan a controlar, aun sabiendo que dichos temores carecen de toda lógica. Esas personas se sienten como niños porque han conservado temores y falsas creencias que integraron cuando tenían menos de seis años. Esos temores y creencias, que han sido reprimidos y nunca afrontados con eficacia, vuelven a manifestarse al cabo de los años.

Ya he escrito seis libros que tratan de la ansiedad en los adultos y que ofrecen herramientas eficaces a fin de hacerle frente. Durante mucho tiempo estuve convencida de que los problemas derivados de la ansiedad, como la depresión, el pánico y las distintas fobias, eran coto casi exclusivo de los adultos, pero me he dado cuenta de que los jóvenes se ven enfrentados a esos problemas a unas edades cada vez más tempranas, lo cual me ha obligado a tratar de considerar la ansiedad bajo una nueva perspectiva.

Me he dado cuenta de que la mejor manera de ayudar a los adultos del mañana a que eviten el infierno de la ansiedad es ayudar a los niños del presente para que erradiquen desde ahora mismo los miedos y falsas creencias que conforman la base de toda ansiedad.

Mediante la presente obra espero facilitar la vida de los niños y también espero arrancar del pie de muchos padres la dolorosa espina de la culpabilidad.

Introducción

Aumenta sin cesar el número de niños que acuden a las consultas médicas o a los psicólogos para tratar trastornos ligados a la ansiedad, a la vez que desciende la edad media de los mismos. Se diagnostican trastornos de pánico en niños de siete u ocho años, así como fobias diversas, sobre todo la fobia escolar, a edades tan tempranas como los seis o siete. A muchos se les prescribe ansiolíticos, unos medicamentos que tienen por objeto calmar la ansiedad y que durante mucho tiempo han estado reservados a los adultos. También puede observarse actualmente una tendencia a medicar a chavales apenas salidos de la infancia con el pretexto de tranquilizarlos. Pero no es así como van a aprender a hacer frente a la vida. No se entiende que, de esa manera, lo que se les está enseñando es a evitar precisamente enfrentarse a la vida, una vida que se prolongará entre 50 y 80 años. Aceptar que los hijos pueden empezar el baile de los medicamentos psicotrópicos desde la más tierna infancia es sin duda la peor herencia que los padres podrían ofrecerles. No obstante, y a pesar de ello, ese es precisamente el enfoque que adopta cada vez con mayor frecuencia la medicina actual cuando los padres llevan a sus hijos a las consultas a causa de trastornos del sueño o de una fuerte ansiedad. Es hora de regresar a lo esencial, de desarrollar una comprensión sana de la ansiedad y de ofrecer herramientas eficaces que alivien a los niños sin medicamentos ni largos procesos terapéuticos.

Las comunidades médica y psicológica parecen percibir la ansiedad como un monstruo casi invencible, hasta tal punto que se inclinan con demasiada frecuencia a intentar dormirla en lugar de curarla. Así es precisamente como se plasma la ansiedad entre esos niños pequeños: como monstruos de varios rostros. Una se pregunta si la medicina y la psicología no habrán conservado un profundo sesgo infantil en su concepción de la problemática ansiosa.

Sí, es espantoso intentar identificarse mediante los términos científicos de la ansiedad aguda, generalizada o crónica, de las fobias social, escolar u otras, del terror, del estrés postraumático o de la agorafobia. Y no obstante, el término ansiedad es mucho más simple que todos los grandes términos utilizados para tratar de describirla o intentar diagnosticarla.

La ansiedad

La ansiedad es simplemente inquietud, sea cual sea la apariencia que presente o las cotas que alcance; es inquietud, punto y aparte. Por ello, tanto si se trata de un niño pequeño, como de un adolescente o un adulto, la persona que experimenta ansiedad está inquieta.

La inquietud

La inquietud es un estado de desazón provocado por el temor a un peligro real o imaginario. Suele traducirse en una propensión a atormentarse y a preocuparse por todo tipo de cuestiones. En su expresión más simple, la inquietud es miedo.

La gran inquietud de la infancia

El peor de los temores de un niño pequeño es hallarse solo, pues tiene necesidad de estar rodeado de personas que le sirvan de referencia en este mundo demasiado grande para él y en el que, de otro modo, se sentiría totalmente perdido. Este miedo le lleva a inquietarse ante un posible rechazo o abandono que le dejaría aislado y desprotegido. Se apega a las personas que le rodean como a boyas que le permiten mantenerse a flote en la superficie. También, en una sociedad donde abunda el divorcio y las separaciones y en la que el niño suele ser confiado a muy corta edad a los cuidados de guardería, éste experimenta desde muy pronto en la vida la pérdida de las referencias que constituyen la presencia asidua de los padres.

No obstante, no hay que culpabilizar a éstos, ni hacerles creer que han hipotecado de manera irremediable el futuro de sus hijos, sino más bien proporcionarles herramientas eficaces que les permitan reparar con facilidad los daños causados.

Claro está, hace algunas décadas el divorcio no era algo tan cotidiano y el papel de las mujeres solía reducirse a la casa y el cuidado de los hijos, lo que proporcionaba a estos últimos un punto de referencia relativamente estable, existiendo por tanto una menor tendencia a la ansiedad infantil. No obstante, esas mujeres solían llevar una vida insatisfactoria y la frustración engendrada podía llegar a repercutir en los hijos, produciendo en éstos diversos traumas, como la sensación de rechazo, que a su vez también crea una sensación de soledad y vacío. Así pues, la vida tampoco era perfecta.

La mayor inquietud del niño es pues hallarse solo y perder las boyas de situación que representan la presencia y la atención de sus seres cercanos. Durante los primeros años de vida, expresará este miedo a través de llantos y de gritos a menudo estridentes que traducen la sensación de pánico que siente. Al crecer, se dará cuenta lentamente de que la soledad no es mortal. Pero para algunos, esa inquietud permanecerá oculta y evitarán situaciones que impliquen riesgos de soledad, rechazo, abandono o traición. Esta situación no resuelta puede perdurar hasta la edad adulta y por ello es fundamental ayudar a nuestros hijos a liberarse de esta fuente de ansiedad desde su más tierna edad.

A fin de intentar evitar encontrarse solo y sin atención, el niño desarrolla una serie de actitudes, que van desde la sumisión más absoluta a los comportamientos más perturbadores. Así pues, el niño demasiado perfecto que casi no se atreve a moverse por temor a desagradar o a que le riñan, desarrolla comportamientos dictados por una forma de pánico. Lo mismo vale para el que se mueve, grita, llora y perturba casi constantemente. Mostrarse perfecto para no ser rechazado o hacer cualquier cosa para no ser olvidado son las dos actitudes extremas de respuesta a esta inquietud fundamental del niño que es el miedo al vacío. Entre ambas, existe una serie de comportamientos más o menos acentuados, todos ellos con el objeto de evitar el rechazo, el abandono y la soledad.

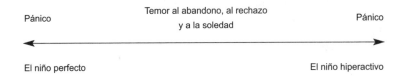

Este miedo al vacío es la base de toda ansiedad. Cuando este miedo se transforma en pánico, el espíritu queda obnubilado por un único pensamiento: intentar evitarlo, y todos sus gestos apuntarán en ese sentido. Los niños perfectos y los hiperactivos experimentan una intensa dosis de ansiedad. Hay que curarlos desde su más tierna infancia, y a poder ser, sin medicación. El niño ansioso no está conectado consigo mismo, con sus necesidades y sus deseos. Su única razón de ser y de vivir proviene del exterior, de los demás. Para ayudarle con eficacia, es necesario reconectarle consigo mismo y enseñarle a vivir en la realidad.

En los niños menores de tres años, hay juegos e interacciones adecuadas que pueden fomentar con mucha rapidez el desarrollo de un sentimiento de seguridad. A partir de tres o cuatro años, dibujar se convierte en una excelente herramienta para liberarlos de sus miedos y mantener un buen contacto consigo mismos. Cuando se establece la lógica concreta, es decir, hacia los seis o siete años de edad, existen ejercicios apropiados de imágenes que permiten que desarrollen mayor influencia sobre su sistema emotivo global.

Las diversas técnicas que aparecen en este libro y que tienen por objeto enseñarles a controlar y a hacer desaparecer ese miedo al vacío, nos permitirán dar una base más sólida a nuestros hijos y evitarles esa intensa ansiedad que nosotros, los adultos, puede que hayamos padecido durante gran parte de nuestra vida.

Capítulo 1

El niño de pecho

Conectar al bebé con su cuerpo

Al nacer, el niño se ve empujado fuera del seno materno y proyectado a un mundo muy grande que da la impresión de ser una especie de vacío. El choque provocado por este tránsito podría fácilmente conformar la base de ese miedo al vacío que inquieta tanto al niño como, más tarde, al adulto.

Se dice que la ansiedad es un mal del alma y que ésta, a la que también se denomina espíritu, es el principio invisible e impalpable que nos mantiene con vida. El niño que nace no es consciente de la presencia de su cuerpo, salvo a través de los dolores o las molestias que percibe pero que no comprende. En esta etapa, se le podría considerar como únicamente un alma o un espíritu que no funciona más que por instinto. Carece de todo apego al mundo real y es necesario ayudarle a desarrollar puntos de anclaje a fin de llenar el vacío que le rodea.

Primer punto de anclaje

Tocar regularmente al bebé le lleva a hacerse consciente, lentamente, de la presencia de su cuerpo, que es su primer punto de anclaje en el mundo real. Esta toma de consciencia disminuye la peligrosa sensación de vacío, pues de ese modo cuenta con una entidad concreta que envuelve su alma, su mente y su pensamiento. Las caricias, los masajes, los mimos y los besos constituyen diversos puntos de contacto que le ayudan a darse cuenta de que tiene un cuerpo y de que no flota en el vacío. También resultan muy útiles –en el transcurso de su primer año de vida– los juegos que consisten en mostrarle la presencia de los ojos, la nariz, la boca, las extremidades, etc., que le hacen consciente de su envoltura carnal.

Conectar al bebé con su entorno

Segundo punto de anclaje

El segundo punto de anclaje en la realidad es la presencia de las personas que rodean al bebé. Primero las percibe a través de la voz, para después irse imponiendo –poco a poco– su imagen. La situación que hay que fomentar es una cierta regularidad respecto a la presencia de las personas que le proporcionan los cuidados cotidianos y una respuesta rápida cuando se despierta y llora. La proximidad de otras personas le asegura que no se encuentra en la nada, en un vacío. Este principio es especialmente importante durante los dos primeros meses de vida, cuando el bebé carece de consciencia del mundo que le rodea. Así pues, es muy importante tomar en brazos al bebé con cierta regularidad y no dudar en hablarle, en comunicarse con él de varias maneras a fin de que se dé cuenta de que existe una realidad externa a él mismo.

Otros puntos de anclaje

El bebé se va acostumbrando poco a poco y descubre referencias materiales como las paredes, muebles, pañales, ruidos o fuentes de luz que percibe regularmente, lo que le proporciona una sensación de seguridad. Los juguetes cotidianos que atraen su atención por su color o el ruido que hacen también le ayudan a hacerse consciente de su entorno. Todos esos elementos se convierten en nuevos puntos de anclaje en la realidad. Por ello, es importante ofrecerle un entorno físico lo más estable posible y que su cuna o cama cuente con juguetes de colores que pueda tener a mano continuamente.

Diversificar los puntos de anclaje

A fin de evitar su miedo al vacío, el niño necesita referencias estables, pero éstas deben ser diversas. El bebé que está siempre pegado a su madre puede llegar a desarrollar la creencia de que ésta es el único elemento sólido que le protege del vacío. Si se crea esa situación, cuando la madre se ausenta, el bebé corre el riesgo de experimentar un intenso pánico. Lo mismo sucede cuando se le deja constantemente en la cama y ve a poca gente, como ocurre, entre otros casos, con los niños de orfanato. Su sensación de seguridad y pertenencia se reduce en ese caso a un número limitado de referencias materiales y ese niño corre el peligro de temer todas las situaciones en las que se sienta fuera de su entorno habitual y que por ello le inspiren una sensación de vacío y de pánico.

No hay ninguna situación perfecta

Sí, claro, si hubiese padres perfectos, sabrían dosificar exactamente los minutos y las horas que deben pasar con el bebé, ofrecerle el abanico adecuado de rostros desconocidos y proporcionarle el entorno físico ideal para su desarrollo y seguridad. Una situación de ese tipo disminuiría sensiblemente la impresión de vacío del niño, pero tampoco sería una garantía de que no llegase a padecer ansiedad. Pues es necesario tener en cuenta el hecho de que cada niño nace con unas características que le son propias, de las que forma parte su potencial de adaptación.

No existe pues un modo de empleo perfecto que pueda evitar a nuestros hijos cualquier forma de ansiedad. El niño que no se beneficia de una presencia suficiente a su alrededor corre el riesgo de desarrollar inquietud, pero lo mismo podría decirse del que está constantemente rodeado y sobreprotegido.

El elemento básico que hay que tener en cuenta

El niño debe domesticar el vacío. Es una noción esencial que hay que retener, pues el vacío existe. El mundo es realmente inmenso cuando se vive a escala humana. El tiempo y el espacio carecen de límites concretos, salvo los que nos damos mediante un sistema horario o uno de medición espacial. Pero en la realidad, el espacio-tiempo es ilimitado. El niño pequeño no posee conocimientos relativos a los relojes, calendarios o diversos sistemas de medición y, por ello, evoluciona en una inmensidad.

Cuando persiste el miedo al vacío

Aunque los padres hagan todo lo que esté en su mano por lograr que su hijo se sienta seguro, éste puede llegar igualmente a desarrollar un cierto nivel de ansiedad. Lo mismo vale para el bebé que no reciba la atención mínima y que carezca del entorno adecuado para desarrollar una toma de contacto sólida con la realidad. ¿Quiere eso decir entonces que esos niños son firmes candidatos a la ansiedad el resto de sus vidas? ¡De ninguna manera! Es mucho mejor si los niños aprenden a controlar el vacío desde muy pequeños y si la inquietud desaparece con presteza: así su hipoteca será menos pesada. Pero en el caso contrario hemos de tener en cuenta que podemos corregir las pequeñas o grandes lagunas en cualquier momento, utilizando los ejercicios apropiados para la edad del niño.

Capítulo 2

La ansiedad infantil

La ansiedad es inquietud, y por tanto miedo, que suele manifestarse en los niños desde los primeros momentos de su vida. Al nacer, el bebé no conoce nada del mundo que le rodea y por tanto se ve enfrentado a lo desconocido: ruidos y voces que ya no están filtrados, luces, nuevas sensaciones y posibles dolores. Debe esforzarse por respirar y su estómago ha de aprender a digerir, unas funciones que eran automáticas antes de su salida del útero. Todos esos componentes pueden fácilmente contribuir a la inquietud. Teniendo en cuenta esta premisa, podemos pues suponer que dicha inquietud es un elemento innato en el ser humano y que por ello éste deberá manejar la ansiedad en todas las etapas de su vida.

Las reacciones ansiosas

La inquietud se traduce en diversas acciones, palabras y actitudes que, cada una a su manera, nos permiten tomar conciencia de la presencia de la ansiedad en los niños. Cuando somos capaces de reconocer las señales que la presagian, podemos intervenir con mayor rapidez y eficacia. Las formas a través de las que se manifiesta la ansiedad evolucionan con el desarrollo del niño, haciéndose más concretas y palpables con el paso de los meses y los años.

Los llantos

Los llantos siempre indican un malestar. El bebé que tiene hambre, que tiene un sueño agitado o que se siente solo, carece de palabras para expresar sus apuros. Los formula mediante gritos o llantos. Si no obtiene respuesta a estas primeras manifestaciones, se inquieta y demostrará su incomodidad mediante gritos cada vez más estridentes, que estarán indicando pánico emocional. En los siguientes meses, y al ir desarrollando una mayor consciencia de su entorno, los llantos se modifican, pues comprende la interacción entre el hecho de llorar y el de ver aparecer un alivio a sus males. Sin embargo, los gritos estridentes, los alaridos y las crisis incontrolables siempre son señal de un pánico intenso por parte del niño frente al malestar que siente, y es necesario tener bien presente que el pánico es siempre una forma exacerbada de ansiedad.

Los llantos del lactante y de los niños muy pequeños representan el único medio para detectar fácilmente la ansiedad, y la mejor manera de contrarrestarla consiste en coger en brazos al niño, darle seguridad y satisfacer sus necesidades inmediatas.

Los trastornos del sueño

Algunos bebés duermen muy poco e incluso parecen luchar constantemente contra las ganas de dormir. A veces se dice que se trata de niños curiosos que no quieren perderse nada de lo que sucede a su alrededor. Pero la realidad es muy distinta. El bebé que tiene dificultades para dormir o que duerme muy poco está sencillamente inquieto. Teme perder las balizas y referencias que constituyen su entorno físico y humano, y hallarse solo en un vacío. Es un miedo puramente instintivo.

Podemos observar esta actitud en el bebé que vive una gran simbiosis con uno de los padres y que teme que éste desaparezca. En consecuencia, hará todo lo posible para no perder ese contacto, luchando contra el sueño para no quedarse solo. En esa situación es muy importante poner al niño en contacto con otras personas, para que sea consciente de su propio cuerpo y de las balizas ambientales, para que ese padre no sea su único punto de anclaje con la realidad.

Si no se resuelven de entrada, los trastornos del sueño pueden perdurar a lo largo de varios años. El niño de dos o tres años de edad que presenta ese tipo de dificultades es que no ha desarrollado una sensación de seguridad y continúa estando inquieto. Es conveniente que a la hora de acostarse se le tranquilice mediante la presencia de personas importantes para él, pero también es recomendable añadir una actividad, como pudiera ser contarle un cuento o cantarle canciones, lo que captará su atención y le apartará del miedo.

Con un niño mayor de cuatro años que se niegue a acostarse o que no llegue a dormirse, es posible utilizar los dibujos para ayudarle a desembarazarse del miedo. Para ello, debemos ser muy conscientes de que teme hallarse a solas, y que poco importa las excusas que pueda ofrecernos:

– No estoy cansado.
– Es muy pronto.
– Es que pienso en muchas cosas.
– En mi habitación hay monstruos.
– Está muy oscuro.
– Hay mucho ruido.

La realidad es que tiene miedo de dormir y no hay nada que pueda convencerle y contrarrestar sus argumentos. Hay que ayudarle a percibir su miedo a dormirse y trabajar directamente sobre ello, como veremos en el capítulo sobre los miedos.

Para los niños de más de seis años, en los que empieza a manifestarse la lógica, existen ejercicios de imágenes apropiados (véase el capítulo 11) que permiten al jovencito desapegarse de sus miedos y favorecen la aparición de las ganas de dormir.

Los comportamientos inadecuados

Algunos niños sienten una necesidad constante de atraer la atención de su entorno, sea mediante llantos, demandas constantes o comportamientos inadecuados y perturbadores. Intentan asegurarse de que no se les olvida y que no se hallarán solos, en un vacío. Estas reacciones constituyen una respuesta directa a la ansiedad que les reconcome: el miedo inconsciente al vacío. Mientras nos ocupemos de ellos, tienen la impresión de contar con una entidad, de existir.

Estos niños tienen necesidad de hallar una sensación de seguridad y la obtienen a través de un marco previsible, con límites bien definidos. Es necesario imponerles reglas claras y que aprendan a respetarlas. Un marco funcional de ese tipo les aportará automáticamente cierta forma de seguridad. A la vez, es importante ayudarles a desarrollar una consciencia de su cuerpo a través de juegos y actividades propicias.

A partir de los seis años, cuando aparece la lógica, hay ciertos ejercicios de imágenes que permiten devolver fácilmente al niño un dominio personal de sus comportamientos inadecuados (véase el capítulo 8).

El niño perfecto

El niño perfecto es el que está siempre tranquilo, es amable, obediente y educado, que sonríe, nunca llora, no es exigente y parece estar siempre dispuesto a responder a las expectativas de los que le rodean. Es el tipo de hijo que muchos padres envidian, sobre todo si los propios son traviesos y desordenados.

¿Pero quién es realmente este pequeño casi perfecto? Aparentemente, es feliz pero en realidad está muerto de miedo. Este niño no vive: sobrevive. Toda su energía está dirigida a un único objetivo: responder a las expectativas de los demás para no ser rechazado, abandonado o menospreciado. Siente una forma de pánico frente a una eventual soledad, a un posible vacío y por ello padece una fuerte ansiedad.

Podemos disminuir la ansiedad en esos niños ayudándoles a que comprendan, a través de juegos y actividades, que tienen derecho a hacer ruido, a no estar de acuerdo o a ensuciarse las manos y que ese tipo de acciones no representan un peligro. Es importante añadir actividades que tengan por objeto que este tipo de niño desarrolle una mayor consciencia de su cuerpo y se centre así un poco más en sí mismo.

La ansiedad generalizada

La ansiedad generalizada es una inquietud que poco a poco va abarcando todas las esferas de la vida. Un niño que padece ese tipo de ansiedad tiene miedo de todo: de las situaciones nuevas, de los extraños, de los sonidos estridentes, del silencio, de la oscuridad, de los desplazamientos en coche, de los animales, de los insectos, de otros niños, de los profesores, de los fracasos, de los retrasos y de otros muchos elementos. En los niños, la ansiedad generalizada suele ir acompañada de diversos cuadros ansiosos, como los trastornos obsesivo-compulsivos (TOC), la hiperactividad, la depresión y los trastornos graves de comportamiento.

Se observa ese tipo de ansiedad en niños de edades tan tempranas como los cuatro o cinco años, y la herramienta que cada vez se utiliza más para contrarrestarla son los fármacos, entre los que se incluyen Ritalin, ansiolíticos y antidepresivos. ¡Sí, para niños tan pequeños!

Se barajan posibles causas que apuntan a la genética, a dificultades ligadas a la gestación o al nacimiento, a la presencia o ausencia parental, a la transmisión de la inquietud por parte de uno de los padres, al entorno, a la nutrición, etc. Es muy fácil señalar a los padres como culpables. Se intenta determinar responsabilidades, pero... ¿es tan importante saber de dónde proviene el trastorno? No sería más importante intentar solucionarlo de manera eficaz y rápida, y sobre todo, sin medicación?

Y no obstante, la ansiedad generalizada tiene una causa muy simple. El niño ansioso carece de una toma de tierra sólida. Hace frente a un vacío, pues no ha desarrollado un sentimiento de seguridad interna. Cree que su felicidad, su desgracia y su seguridad dependen únicamente de los demás. El miedo ha invadido su campo de consciencia.

Es necesario ayudarle a desarrollar una sensación de soledad emotiva que le aporte una sensación de seguridad. Más adelante veremos un ejercicio que consiste en reparar un camino estropeado, que tiene por objeto consolidar la estructura emocional de una persona y que puede utilizarse con niños de seis años (véase capítulo 9).

El trastorno de pánico

Reservado antaño casi exclusivamente a los adultos, el trastorno de pánico está cada vez más presente incluso entre niños de tan sólo ocho o nueve años. Se trata de un trastorno ansioso que se manifiesta, entre otros síntomas, a través de palpitaciones cardíacas, mareos y una sensación de irrealidad que lleva al niño a creer que va a morir, desvanecerse o desaparecer. En los niños, los ataques de pánico suelen provocar fobias social y escolar, graves trastornos del sueño e incluso depresión. El niño se siente totalmente sobrepasado por los ataques de pánico y resulta muy difícil tranquilizarle. Frente a este grave trastorno, la ciencia médica opta, normalmente, por las terapias medicamentosas, mientras que la psicología adopta largas terapias cognitivo-conductuales, cuyo objeto es convencer al niño de que no existe ningún peligro real.

El trastorno de pánico se caracteriza por crisis de ansiedad aguda y, por ello, también viene provocado por una sensación de vacío, por una impresión de caer en la nada; el cerebro del niño reacciona ante esa sensación a través de un pánico intenso. Intentar convencerle de que no existe ningún peligro real puede ser un proceso largo y arduo, sin garantías de éxito, mientras que la otra solución –dormir su ansiedad– no hará más que calmársela, sin que en realidad desaparezca.

El vacío o la nada que el niño percibe están directamente vinculados a una ausencia de contacto directo con sus referencias racionales. Por ello, debemos ayudarle a recuperar el contacto con las mismas, lo que le asegurará una sensación de solidez y seguridad.

También en este caso, un ejercicio de reprogramación adecuado, como el de reparar un camino en mal estado, permitirá al niño recuperar solidez emocional, así como un buen equilibrio racional, lo que provocará la desaparición de los ataques de pánico. En los niños menores de ocho años vale la pena trabajar con el dibujo porque es más concreto. Las imágenes mentales dan excelentes resultados con niños mayores.

La fobia escolar

Por definición, la fobia es una aversión muy intensa hacia un elemento dado. Se trata de un miedo irracional desencadenado por un elemento o una situación, aunque la persona que la sufre sabe muy bien que, lógicamente, no existe ningún peligro real. El niño que desarrolla una fobia escolar teme tanto ir al colegio que cuando llega la hora de ir, llora, sufre crisis de pánico y también puede presentar dolores abdominales, vómitos y diarrea. Intenta así evitar una situación que le aterroriza. La asistencia escolar muestra una importante tasa de absentismo entre estos niños. Los padres se sienten indefensos ante la situación y ello suele dar paso a la aparición de una relación conflictiva con su pequeño.

A menudo se cree que el niño tiene miedo del colegio a causa de la obligación de rendir que él se ha creado frente a éste, pero en realidad se trata de otra cosa. Por lo general, cuando el niño está dentro del colegio, funciona relativamente bien. El problema está pues localizado entre el momento de salir de casa y el de llegar al colegio.

El principal temor de un niño que padece fobia escolar es abandonar el capullo familiar, encontrarse solo, sin sus padres, lo que para él equivale a una especie de nada, de vacío. Para este niño, la sensación de seguridad sólo viene dada por la presencia de los padres. Cuando se intenta tranquilizarle y explicarle que no existe peligro alguno, escucha y parece comprender, pero cuando vuelve a aparecer la situación, también lo hacen los síntomas de la fobia. Comprende las explicaciones con su mente racional, pero el miedo es más fuerte que su lógica.

A fin de contrarrestar eficazmente este tipo de fobia, en primer lugar es necesario atacar de manera directa la sensación de vacío experimentada por el niño y ayudarle a que ésta desaparezca mediante un ejercicio adecuado, como el del camino en malas condiciones. A continuación hay que ayudarle a que se haga consciente del miedo que le embarga, de que está provocado por el hecho de alejarse de casa, lo que le permitirá recuperar con rapidez el control de ese miedo con ayuda de dibujos, tal y como veremos en el capítulo 4.

La depresión

Entre los niños, la depresión suele ser consecuencia o concomitante con una ansiedad muy fuerte, que le somete a un intenso sufrimiento y que le hace considerar la vida como algo muy difícil de afrontar. Revela un rechazo inconsciente a hacer frente a la vida y al sufrimiento. Suele manifestarse durante el período adolescente, si bien algunos niños pueden presentar síntomas depresivos a edad más temprana.

El niño depresivo puede manifestar diversos síntomas: trastornos del humor, actitudes agresivas, trastornos del sueño, modificación de los resultados escolares, disminución de las actividades sociales, quejas relacionadas con diversos dolores físicos, pérdida de energía, así como modificación del apetito o del peso. Puede observarse tristeza, aburrimiento, indiferencia, desvalorización, retraso intelectual, pérdida del apetito, insomnios, tendencia al aislamiento, pasividad, sumisión, dificultades escolares, negligencia en la higiene, sensación de culpabilidad, conductas autodestructivas o pensamientos de suicidio.

Todos los niños presentan algunos de estos síntomas en períodos concretos de su vida sin por ello padecer de depresión. Los niños reaccionan como los adultos; tienen días felices y días terribles. No obstante, cuando los síntomas se acumulan y se asientan sobre una base permanente, puede sospecharse un posible estado depresivo.

En el sistema social y médico actual, cuando se diagnostica depresión en un niño, se despliega toda una serie de intervenciones que incluyen, entre otras, la medicación, la hospitalización y también terapias psicológicas dirigidas tanto al niño como a sus padres y que generalmente se planifican a medio y largo plazo.

Lo que sucede es que el niño depresivo ha perdido sus referencias vitales. Carece de certezas, se siente muy solo, la vida no tiene un sentido concreto, él mismo carece de valor a sus ojos y no comprende cómo hay alguien que pueda quererle. En realidad, lo que ocurre es que se siente inundado por un gran vacío y tiene la impresión de vivir en una especie de nada. Se siente totalmente perdido, confuso y desamparado. Está encerrado en la oscuridad.

El único medio realmente eficaz y rápido para ayudarle a salir de este estado depresivo es permitirle desprogramar la sensación de vacío para que recupere las referencias que anteriormente le permitieron vivir. Al mismo tiempo es necesario realizar un trabajo consistente en lograr que se haga consciente de sus miedos frente a la vida y proporcionarle herramientas eficaces para afrontar dichos miedos, lo que le permitirá volver a avanzar sana y rápidamente.

Capítulo 3

Las situaciones ansiógenas

Son muchos los elementos que pueden hacer que un niño desarrolle inquietud y por ende, ansiedad. No hay más que pensar en las innumerables caídas, en las regañinas, en las enfermedades, en la aparición de dientes nuevos, en el hecho de conocer a extraños y tantos otros factores. Todos esos acontecimientos y situaciones causan inquietud en el niño porque le sacan de su zona de seguridad, es decir, de sus costumbres, de su rutina y de lo previsible. Como contrapartida, cada uno de esos momentos le ayuda a domesticar la realidad, a tener en cuenta nuevos elementos de su vida y a desarrollar mecanismos de adaptación.

No obstante, algunas etapas de la vida del niño generan riesgos de ansiedad más elevados, y esos momentos están todos relacionados con períodos en los que el niño pierde contacto directo con sus familiares.

La guardería

Son muchos los padres que deben recurrir a los servicios de guardería para que cuiden a sus hijos mientras están trabajando. Como los padres son generalmente el punto de anclaje central en el mundo exterior, la separación puede crear una intensa inquietud en el niño pequeño. Ante una situación de este tipo, el niño se siente enfrentado a una especie de vacío que engendra una sensación de pánico. Esta agitación suele traducirse a través de gritos estridentes, llantos, sollozos y a veces incluso convulsiones. El niño se encuentra sumergido en una situación de pánico total, sin referencia alguna respecto al mundo que le rodea.

Este estado acostumbra a durar algunos minutos, y a continuación y lentamente, el niño retoma contacto con las personas que se ocupan de él y recupera sus referencias en la realidad. Con el tiempo y a través de la repetición cotidiana de estos momentos de separación, el niño desarrolla nuevos puntos de anclaje en las personas que se ocupan de él y en el entorno físico en el que evoluciona. Suele ser muy difícil que un padre deje a su hijo en la guardería cuando éste entra en una crisis de pánico, ya que es fácil que se sienta culpable. En esos momentos conviene recordar que en esas circunstancias también existe una contrapartida positiva que permitirá al niño separarse de sus padres y comprender que, aparte de ellos, existe un mundo, y que la vida continúa incluso en su ausencia.

En los niños más mayores, que ya han multiplicado sus referencias con el mundo exterior, el pánico es menos frecuente, pero no obstante, puede ser sustituido por diversas formas de cólera, que van desde el enfurruñamiento y los lloriqueos a las crisis de rabia. Todas estas manifestaciones denotan también una parte de ansiedad vinculada a la separación.

El colegio

La asistencia al colegio es una etapa importante en el desarrollo de los niños, pues fomenta la adquisición de autonomía, de la sociabilidad y de los conocimientos intelectuales. No obstante, también comporta varios elementos ansiógenos, como la obligación de someterse a un entorno más estricto, obedecer reglas nuevas y ofrecer cierto nivel de resultados, además de la rivalidad entre compañeros y de la necesidad de compartir la atención del adulto responsable. No se le permite ir donde se le antoja ni hablar cuando quiere.

El niño que ha ido a la guardería ya conoce la separación respecto a los padres y ha desarrollado recursos que le permiten adaptarse a un nuevo entorno. Además, ha comprendido que al cabo de algunas horas vuelve a recuperar a sus padres. Quien ha vivido los primeros años de su vida en el seno familiar y debe en lo sucesivo dejar su casa varias horas al día, se arriesga a tener que enfrentarse a la angustia de la separación, pues debe alejarse de sus padres, que representan su mayor punto de referencia y de seguridad ante el mundo exterior. Algunos de estos niños se sienten especialmente desamparados en esta situación y manifiestan su ansiedad mediante llantos, un rechazo a ir al colegio, agresividad, repliegue sobre sí mismo y otras demostraciones parecidas. Sienten ciertos temores relativos al colegio pero, sobre todo, temen que pueda producirse un incidente durante su ausencia, que pudiera privarles de sus padres y proyectarles a un gran vacío afectivo.

A través de la asistencia escolar cotidiana, el niño aprende a afrontar los altibajos de la vida: las penas y las alegrías, los placeres y las frustraciones, los éxitos y los fracasos, la aceptación y el rechazo, los períodos de actividad y los momentos de tranquilidad, la amistad y la hostilidad. Las penas, las frustraciones, los fracasos, el rechazo y la hostilidad, así como la obligación de permanecer sentado y en silencio durante períodos prolongados representan también fuentes susceptibles de crear en él inquietud y ansiedad, con las que debe aprender a lidiar.

El divorcio

Para el niño, el divorcio o la separación de sus padres siempre representa un gran motivo de ansiedad, pues el mundo familiar en el que evolucionaba hasta entonces y al que se había adaptado, da un vuelco. Las referencias dejan de ser las mismas, la actitud de los padres resulta menos previsible y tiene miedo al cambio que se avecina.

El niño puede expresar sus temores con palabras, pero también es posible detectarlos a través de modificaciones del comportamiento: un posible repliegue sobre sí mismo, actitudes regresivas infantiles, comportamientos inadecuados o incluso agresividad.

A fin de dilucidar la ansiedad que el niño experimenta en dichas circunstancias, es importante ser consciente de que ciertamente siente tristeza frente a la situación, pero lo que hay que tener en cuenta sobre todo es que tiene miedo y necesita ser tranquilizado. Teme el abandono, el vacío.

Necesita saber que se le quiere y que no se encontrará solo. Esa es su única preocupación.

La adaptación a los cambios

Para sentirse seguro, el niño necesita un entorno previsible y regular. Cuando la situación cambia, sus mecanismos de adaptación se ponen en marcha y encuentra el equilibrio apropiado frente a las nuevas circunstancias. La mayor parte de las ocasiones, el cambio se efectúa con facilidad, pero a veces le resulta difícil afrontar a solas los miedos que le embargan.

La adaptación suele resultar más difícil en etapas cruciales, como la entrada en la guardería, la asistencia al colegio o el divorcio, pero también con motivo de prolongados períodos de hospitalización, de internamiento en una residencia o en el caso de que el niño viva en un ambiente de peleas y violencia. En ese caso, tendrá necesidad de ayuda externa a fin de superar sus miedos y poder desarrollar su propia sensación de solidez y seguridad.

Curar la ansiedad

Como es imposible evitarle al niño todas las situaciones que pudieran provocarle ansiedad, hay que enseñarle a lidiar con ella de la mejor manera posible. Siendo conscientes de que la ansiedad es inquietud y de que ésta es miedo, podemos concentrarnos en éste y enseñarle al niño cómo enfrentarse fácilmente a él. Cuando un niño domina su miedo, desaparece su ansiedad. Como los miedos son engendrados por la sensación de vacío que experimenta si se encuentra solo, podemos ayudarle a que haga desaparecer rápidamente dicha sensación de vacío y, a partir de ahí, los miedos serán menos numerosos.

La sensación de vacío y los miedos pueden engendrar *falsas creencias* y *comportamientos inadecuados e inaceptables*, y por ello es necesario ayudar al niño a liberarse de todo ello rápidamente para que no deba padecer durante mucho tiempo sus contrapartidas negativas, que aumentan a su vez el nivel de ansiedad.

En los capítulos siguientes descubriremos cómo ayudar a nuestros hijos para que encuentren solidez y seguridad mediante ejercicios simples y rápidos. Así podrán dominar con mayor facilidad sus miedos, sus penas y su cólera. Podrán hacer desaparecer la sensación de vacío que tanto les aterra, eliminar las falsas creencias y abandonar los comportamientos inadecuados. Además, podremos reforzar su autoestima, disminuir el número de experiencias traumáticas y permitir que duerman mejor.

Se nos suele presentar la ansiedad como un monstruo, cuando en realidad no es más que una inquietud que se domestica fácilmente, sobre todo en los niños.

Capítulo 4

Los miedos

El miedo es una emoción innata en todos los seres humanos. Representa un mecanismo de impulsión que les incita a respirar a fin de evitar la asfixia y, por otra parte, constituye un proceso de frenado que les impide precipitarse en situaciones peligrosas que podrían causar la muerte. El miedo forma parte integral del instinto de supervivencia y si estamos vivos, es gracias al papel que el miedo ha desempeñado.

El miedo: un mecanismo de adaptación

La vida está constituida por cambios continuos que exigen adaptación. Desde su nacimiento, el bebé se ve proyectado a un entorno totalmente diferente del que ha conocido hasta entonces. A partir de ahora deberá respirar solo, vivir con dolores de estómago, retortijones de tripas, con sensaciones de frío y de calor, y percibir relámpagos luminosos y ruidos directos, que ya no son filtrados por la cavidad uterina. Debe adaptarse rápidamente. Cada una de las etapas posteriores de la vida del niño exige igualmente una adaptación: descubrimiento del entorno físico, alimentación, consciencia del cuerpo, comunicación, andar, hablar, jugar... Ninguna de esas situaciones se establece automáticamente y por ello debe adaptarse a cada una de ellas a través de diversos aprendizajes.

Sí, claro, el niño no reflexiona acerca de las situaciones por las que pasa, pero si pudiera, sin duda se haría ciertas preguntas:

– ¿Dónde estoy?
– ¿Qué ocurre?
– ¿Quién es ése?
– ¿Por qué me duele?
– ¿Cómo lo hago?
– ¿Qué es eso?
– ¿Cómo lo digo?
– ¿Cómo puedo llegar hasta ahí?
– ¿Qué hago con esta cosa?
– ¿Qué es ese ruido?
– ¿Por qué es tan intensa la luz?

Mediante la adaptación y los aprendizajes descubre soluciones a sus preguntas inconscientes. No obstante, antes de obtener respuestas, pasa por períodos en los que debe hacer frente a una sensación de incomprensión y de impotencia, es decir, a un vacío.

El miedo en niños de cero a seis años

La solidez y la seguridad afectivas están compuestas de certezas, de comprensión, así como de una cierta forma de poder sobre el entorno, las personas y las cosas. El cerebro del bebé no está lo bastante desarrollado como para permitir que lo comprenda. Funciona pues por instinto: cuando tiene miedo, reacciona.

La primera infancia es el período de los grandes miedos que parecen insuperables y de las penas inmensas que dan la impresión de ser absolutamente inconsolables, como si no existiese término medio. El niño de cero a dos años de edad vive únicamente el instante presente sin tener en cuenta experiencias pasadas o lo que ocurrirá posteriormente. Todavía no ha desarrollado las referencias que más adelante le permitirán tomar distancia frente a sus emociones. Cuando le invaden el miedo y la pena, para él no hay nada más. La única intervención posible consiste en intentar consolarle y tranquilizarle mediante caricias y una presencia.

Cuando tiene entre dos y cuatro años, el niño describe habitualmente sus miedos utilizando la imagen de monstruos aterradores que aparecen en los momentos en los que está solo y que se ocultan bajo su cama, en un armario o en los lugares en los que se encuentra aislado. Como es incapaz de determinar los miedos que le embargan, utiliza inconscientemente imágenes que los representan de manera concreta y que traducen su pavor. Estos monstruos representan en realidad:

– el miedo a ser abandonado;
– el miedo a ver desaparecer a sus padres;

– el miedo a caer en el vacío (cuando duerme, cuando pierde sus puntos de anclaje);

– el miedo inconsciente a morir.

Cada uno de esos miedos manifiesta una inquietud más profunda, que es la de hallarse solo, perdido y sin vínculos. Una primera intervención consiste en tranquilizarle, pero no diciéndole que el monstruo no existe, pues el miedo existe realmente, sino repitiéndole que estamos ahí mismo, muy cerca, en otra habitación, y que estaremos a su lado cuando despierte. Además, podemos llevar a cabo un juego de rol que consiste en imitar una lucha contra el monstruo, pelea de la cual saldremos, evidentemente, victoriosos. Como el niño está persuadido de que el padre es omnipotente, cree en nuestra victoria y el miedo se difumina.

Ejemplo

La madre de un niño de dos o tres años que tiene miedo de los monstruos abre la puerta del armario y simula una lucha en la que abate al monstruo mediante golpes y sonidos. Luego le dice al niño que ha destruido al monstruo y que lo tirará fuera. La madre imita el gesto de sostener algo con la punta de los dedos y sale de la habitación, abre la puerta de la vivienda y la vuelve a cerrar. Regresa a continuación a la habitación, le dice al niño que el problema está solucionado, que ahora puede dormir tranquilo, que ella está en la habitación de al lado y que estará ahí cuando se despierte.

El niño está totalmente convencido de que existe un peligro y resulta muy difícil demostrarle lo contrario mediante palabras. Con un ejercicio de ese tipo, entramos en su juego. Le decimos que le creemos, pero le demostramos que es posible acabar con el peligro. El miedo real no tiene que ver con un monstruo, sino más bien con el miedo al abandono o de hallarse solo o incluso a morir. El niño no es consciente, pero al efectuar una intervención de ese tipo, le permitimos disminuir su miedo. La sensación de peligro se desvanece y como se tranquiliza, desaparece la inquietud.

Ese tipo de tratamiento resulta eficaz porque la infancia es un período en el que la maravilla y la credulidad ocupan un lugar preponderante. Los niños de dos a seis años creen a pies juntillas en los Reyes Magos, en las hadas y los monstruos y están igualmente convencidos de que los animales pueden hablar y de que los padres son omnipotentes. Creen lo que se les dice. Sin embargo, con el desarrollo de la lógica concreta, hacia los seis años, el niño empieza a cuestionar muchas de sus creencias y por ello los ejercicios deben adaptarse a su desarrollo.

Dibujar como herramienta para dominar el miedo

Hacia los cuatro años de edad, el niño acierta por lo general a producir una representación imaginaria de algunos elementos tal y como los percibe. Puede que la imagen no corresponda necesariamente a la realidad exactamente como la vemos, pero el árbol, la casa, el hombrecito o el monstruo que dibuja son muy reales para él y está encantado con el resultado. Podemos utilizar esta capacidad para permitirle que recupere el dominio de sus miedos.

El siguiente ejercicio se lleva a cabo cuando el niño está bien despierto y tranquilo. El trabajo se realiza en forma de juego. La actividad requiere hojas de papel, lápices, un sobre grande, cinta adhesiva y una grapadora.

Ejemplo

Le preguntamos al niño: *¿Puedes decirme cuáles son tus miedos?*

Si le resulta difícil determinarlos, le ayudaremos según lo que sabemos de él. *Me parece que tienes miedo de...*

A continuación, le pedimos que lo dibuje.

Dibújame el miedo a la gente mala.

Dibújame el miedo a la oscuridad.

Dibújame el miedo a perder a tu mamá.

Etc.

Ayudamos al niño a concretar sus distintos miedos y le pedimos que los dibuje.

Procedimiento a seguir

- Se dibuja cada miedo en una hoja diferente, en blanco y negro o en colores, según prefiera él. Podemos apuntar el nombre del miedo en el papel, si él quiere.
- Los miedos pueden adoptar la forma de monstruos, de personajes o de simples garabatos. Todas las formas son válidas.
- Una vez que se han identificado y dibujado todos los miedos, le proporcionamos un sobre grande en el que meterá todas las hojas dibujadas.
- El niño cierra el sobre y pega la solapa.
- Pega cinta adhesiva alrededor del sobre para asegurarse que resulta imposible abrirlo.
- Si se dispone de una grapadora, el niño pone grapas por el sobre para aprisionar las hojas en el interior.

– A continuación, le hacemos tomar consciencia de que se ha hartado de sus miedos y le sugerimos que se deshaga de ellos definitivamente.

– Una vez que acepta, le sugerimos que tire el sobre a la basura. Podemos incluso cerrar la bolsa de la basura y sacarla de casa, para reforzar en el niño la sensación de haberse liberado de una vez por todas de sus miedos.

Cuando el niño acepta deshacerse del sobre, recupera el control de sus miedos y estos desaparecen sin que se dé cuenta.

No obstante, es posible que no quiera deshacerse realmente de sus miedos y que dude de quitárselos de encima para siempre. Hacia los cuatro años de edad, el niño empieza a darse cuenta de que en los miedos existen beneficios secundarios como, por ejemplo, el hecho de poder disfrutar de una lamparita en el momento de acostarse, de contar con una presencia constante a su lado o de atraer la atención sobre sí mismo. En el momento en que tiene que deshacerse del sobre, puede comprender inconscientemente que se arriesga a perder algunos de esos beneficios y, por tanto, es posible que vacile al hacerlo.

Esta es una anécdota que ilustra el proceso a seguir y las resistencias que pueden aparecen en el transcurso de la intervención.

El miedo de Gabriel

Gabriel es un niñito de cinco años cuyos padres están separados y que ha vivido los tres últimos años con su madre en provincias, lejos de Montreal. Siguiendo sus deseos, ahora, desde hace algunos meses, vive con su padre y está muy contento con la situación, aunque le fastidia que su madre se haya quedado en provincias. Se ha adaptado bien, va al parvulario y le gusta relacionarse con otros niños. Una única sombra oscurece este cuadro: vive en un *loft* sin paredes, a excepción del cuarto de baño, que constituye una habitación cerrada y en la que se niega en redondo a estar solo. La hora del baño resulta especialmente difícil, pues exige que haya alguien constantemente a su lado. Tras haberme asegurado de que no existía ninguna experiencia traumática que pudiera haber provocado esa actitud, llevé a cabo con él el ejercicio de recuperación del control de los miedos a través de los dibujos. Nos divertimos mucho concretando numerosos miedos pequeños y, sobre todo, el miedo al cuarto de baño. Como concretó seis miedos, hizo seis dibujos en otras tantas hojas. Las metió en un gran sobre blanco que precintó y en el que pegó muchos pedazos de cinta adhesiva. Le proporcioné una grapadora que utilizó a placer. Pasamos un rato muy divertido. Me devolvió la grapadora y yo también puse varias grapas en el sobre.

A continuación, le expliqué que colocaríamos el sobre en la chimenea y que lo veríamos arder con todos los miedos que contenía y que de esa manera quedarían destruidos y no le molestarían más. Me miró con sorpresa, reflexionó unos segundos y me dijo: «Sabes, me parece que el miedo al cuarto de baño saldrá del sobre sin que nos demos cuenta y que volverá a mí». Yo le insistí en que no debía preocuparse porque me había asegurado de graparlo con fuerza en el sobre para que no pudiera escaparse. Me miró, pensó durante unos segundos y se resignó: «Bueno... vale».

A consecuencia de la separación de su madre y del traslado a un entorno nuevo, había vivido una cierta forma de inseguridad y temía volver a quedarse solo. Como de manera inconsciente había desarrollado ese miedo para desviar el problema, deseaba conservarlo. No obstante, una vez quemado el sobre, el juego terminó y pasamos a otra actividad. Al cabo de algunos días el miedo desapareció, no regresó nunca y no ha sido sustituido por ningún otro miedo que pudiera desempeñar la misma función.

Asegurar un porvenir mejor para los niños

Los miedos no asumidos encierran una fastidiosa tendencia a perdurar y a convertirse en amos y señores. Pueden llegar a ser una pesada hipoteca con la que el niño cargará posiblemente incluso en la edad adulta y que se manifestará a través de una ansiedad muy difícil de soportar.

La ansiedad es una pandemia que se ha extendido en pocas décadas y cuyos estragos no hacen más que acentuarse y multiplicarse. Podemos evitar fácilmente que nuestros hijos se vean afectados por esta epidemia y padezcan los sufrimientos asociados a los trastornos ansiosos, permitiéndoles enfrentarse a sus miedos desde edad muy temprana. Es simple, fácil y muy eficaz.

Capítulo 5

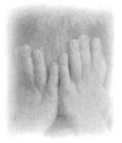

Las penas

La pena es una manera muy común de expresar los miedos que se sienten, tanto si son relativos al dolor, al desarrollo, a la incomprensión, a la impotencia, a los pesares o a la frustración. La palabra pena es sinónimo de disgusto, y el ser humano posee un instinto innato que le empuja a evitar cualquier disgusto, así como los malestares que comportan. Los elementos desagradables por excelencia son el dolor físico, los malestares corporales creados por el hambre, la sed, el frío o el calor intensos, la sensación de estar aislado o ser menospreciado, y la privación. Todos esos factores implican mucho disgusto y, por tanto, aflicciones.

La pena en el niño pequeño

Para el niño de menos de dos años, la pena siempre es inmensa y dramática porque corresponde a un malestar que vive de manera intensa, en el momento presente y eso es lo único que le importa en ese instante. Pierde el contacto con sus referencias habituales de seguridad y necesita que le tranquilicen. El niño pequeño se sitúa en una zona de bienestar y tiene la sensación de seguridad porque se siente rodeado, está descansado y a gusto corporalmente. Tiene miedo cuando se halla en una situación incómoda e insegura, como por ejemplo:

– se siente solo;
– le duele el vientre;
– se cae y se hace daño en la cabeza;
– se le quita un juguete;
– pierde de vista a sus padres;
– tiene hambre;
– tiene frío.

Todos estos elementos le ocasionan contrariedad y el único medio concreto que puede utilizar para dar a conocer su incomodidad, su miedo o su frustración son los llantos y los chillidos. Durante los dos primeros años de vida, cuando un niño llora, es que sobre todo necesita que le tranquilicen, pues sus lloros y gritos manifiestan miedo.

La pena en niños de entre dos y tres años

Hacia los dos años de edad, el niño desarrolla una visión menos individualista del mundo que le rodea y adquiere nuevas herramientas para comunicarse con su entorno. No obstante, sigue experimentando dificultades con la cuestión del estar a disgusto y debe aprender a enfrentarse a la frustración. Corre el riesgo de sentir pena cuando:

– se siente solo;
– siente dolor;
– está cansado;
– se enfada con otro niño;
– se cae;
– se le quita un juguete;
– se le riñe.

La zona en la que se siente cómodo y seguro se amplía. Gracias a las reglas y a una cierta constancia de las intervenciones, se le enseña poco a poco a vivir con el estar a disgusto y a desarrollar tolerancia frente a la frustración. El instante presente sigue siendo primordial, pero si siente una gran pena o un miedo intenso, ahora cuenta con una cierta consciencia de la realidad que le rodea, lo que evita que se agobie ante el malestar que pudiera aquejarle.

Pero claro está, el niño sigue necesitando que le consuelen y tranquilicen, pero los medios a través de los que lograrlo se van modificando. El simple hecho de apartarle de su malestar atrayendo su atención suele bastar para sacarlo de su pena o su melancolía.

La pena en niños de entre cuatro y cinco años

Hacia los cuatro años, las penas siguen siendo grandes, pero las palabras permiten ahora expresarlas con mayor claridad. Se desarrolla la capacidad del niño de interiorizar sus emociones y a veces puede observarse tristeza en él sin que éste la exprese abiertamente. Las penas que se sienten a esta edad suelen sobrevenir cuando:

– un amigo o un grupo le ha menospreciado;
– alguien le ha ignorado;
– le han reñido;
– se ha hecho daño;
– se siente solo;
– se siente incomprendido.

Aunque los llantos le mantienen en su burbuja de aflicción, el hecho de poder verbalizar la pena le permite recuperarse con más rapidez. Por ello, es importante que encuentre una persona dispuesta a escucharle y que sepa aportarle elementos racionales que le permitan colocar los elementos en una perspectiva más justa y, gracias a ello, desdramatizar la situación. Si esta última intervención consuela un poco al niño pero resulta manifiestamente insuficiente para que pueda liberarse por completo de su pena, utilizar los dibujos pasa a convertirse ahora en una herramienta muy preciada.

Procedimiento a seguir
– Le ayudamos a hacerse consciente de que esa pena es dolorosa y desagradable.
– Le sugerimos que se deshaga de ella.

– Le pedimos que dibuje la pena en una hoja de papel. No tiene mucha importancia la imagen que elija para representarla, porque para él, corresponderá a su pena (un monstruo, un personaje que llora, una lágrima, etc.).

– Le sugerimos que meta la hoja en un sobre y que pegue la solapa.

– Le ofrecemos que elija entre tirar el sobre a la basura o meterlo en un cajón.

– Cuando el sobre se tira o se guarda, la pena se disipa.

Además de obtener una atención personalizada durante varios minutos, lo cual le beneficia, el niño elige conscientemente deshacerse de la pena. Este ejercicio resulta especialmente eficaz con las penas más profundas y las que se presentan de manera repetitiva.

La pena en niños de entre seis y diez años

El ejercicio que acabamos de ver también se adapta perfectamente a niños de entre seis y diez años, aunque su pena se manifiesta de forma distinta que en los niños más pequeños. Cuando empiezan a asistir al colegio, los niños aprenden rápidamente a interiorizar sus emociones, pues los accesos de alegría o pena son mal tolerados por los profesores, que tienen a su cargo a bastantes niños. Estos deben pues integrarse en la masa sin sobresaltos. Aprenden así a reprimir sus emociones, lo cual no es malo en sí mismo, a condición de que puedan expresarlas en otro lugar.

Un niño de esa edad puede mostrar tristeza sin que ésta vaya acompañada de llantos, pero será detectable a través de cierta melancolía e incluso podrá manifestarse a través de una hiperactividad más o menos acentuada. Esas son señales que piden que se les escuche y requieren una intervención que tenga por objeto hacerles verbalizar el malestar e identificar la pena presente.

Tengo la impresión de que hay algo que no va bien. ¿Quieres contármelo?

El niño melancólico suele contestar directamente a la pregunta porque mantiene un contacto estrecho con la pena que siente. Por el contrario, el que demuestra hiperactividad está intentando huir de la emoción que le invade, intenta negarla porque le da miedo. Es probable que haya que insistirle.

Ejemplo de intervención con un niño hiperactivo
– Ya sé que hay algo que te molesta.
– No, no hay nada que me moleste.
– Sé que no es verdad porque te mueves constantemente, y eso se debe a que tenemos algo en nuestro interior que nos incomoda. Es muy importante que hablemos porque quiero que te sientas bien. Y ¿sabes una cosa? Si encontramos una pena en tu interior, nos desharemos de ella y dejará de crearte problemas.

El niño se niega a aceptar la pena porque teme que le engulla, pero como le ofrecemos hacerse con el control, automáticamente ésta se vuelve menos amenazadora y él aceptará con facilidad enfrentarse a ella.

Cuando un niño identifica y expresa una pena, podemos ofrecerle que se deshaga de ella mediante el ejercicio del dibujo que acabamos de ver. Así podrá encontrar alivio a la vez que se divierte.

La pena de Laurence

Laurence era una niña de ocho años, cuyo perrito Poppie había muerto hacía algunas semanas. Le conocía desde siempre, pues el perrito ya formaba parte de la familia cuando ella nació. Así que Laurence hablaba regularmente sobre el tema, varias veces al día, en ocasiones derramando algunas lágrimas: «Echo de menos a Poppie; no veré nunca más a mi perrito, no es justo». Su madre le decía que entendía su tristeza y que también sabía que esa pena le hacía sufrir mucho. Le pidió a su hija que dibujase la pena que sentía y ésta esbozó la forma de un perro que se parecía un poco a Poppie, acompañada de una niña con lágrimas en las mejillas.

La madre le llevó a continuación una cajita de cartón de colorines, y tras sugerírselo, Laurence metió su dibujo.

He elegido una caja bien bonita porque sé lo importante que es tu pena. Me gustaría que decidieses dónde quieres poner esa pena. Así no estaría siempre dentro de ti.

La pequeña puso la caja en un estante de su armario y, antes de cerrar la puerta, se dirigió al perro:

No puedo volver a verte, Poppie, pero te querré siempre, siempre.

Por la noche, a la hora de acostarse, le dijo a su madre que sabía que su pena ahora estaba en el armario. Recuperó el control sobre ella y no volvió a tocar el tema.

La pena en niños de más de diez años

Mientras que la lógica concreta empieza a manifestarse sobre los seis años, la abstracta aparece entre los once y doce años. El niño ya no necesita dibujar para hacer que una emoción sea más real. Puede conceptualizar situaciones utilizando imágenes mentales que puede usar para llevar a cabo el ejercicio anteriormente descrito.

Adaptación del ejercicio a la visualización
– Imagina esa pena que hay en tu interior.
– Si tuviese una forma, ¿a qué se parecería?
– ¿Necesitas esa pena dentro de ti o te resulta demasiado dolorosa?
– ¿Aceptarías deshacerte de ese objeto, de esa pena?
– Imagina que encuentras esa cosa y la metes en una caja.
– ¿Preferirías deshacerte de la caja o guardarla durante un tiempo?

Dependiendo de su respuesta, podemos sugerirle que imagine que tira la caja a la basura o que la guarda en un lugar determinado.

Cuando un niño aprende a utilizar las imágenes mentales y este tipo de ejercicio para tomar distancia y recuperar el control de sus emociones, se está dotando de un instrumento que le será de utilidad durante toda la vida.

Capítulo 6

La cólera

La cólera posee varios rostros: agresividad, hostilidad, furia, odio, irritabilidad, rabia, resentimiento y violencia. Estas son reacciones emocionales que permiten exteriorizar una intensa presión interna creada por la pena y el miedo. Utilizamos la cólera para expresar la frustración que nos causan las emociones dolorosas cuando somos incapaces de expresarlas de otro modo.

La cólera en niños de entre cero y un año

Los chillidos y los alaridos producidos por los niños de entre cero y un año siempre manifiestan un sentimiento de intenso pánico causado por el miedo y el dolor. Es el único medio del que disponen para exteriorizar el malestar que sienten. El período de cólicos del niño de pecho es el ejemplo típico de la cólera del bebé. Le invade el dolor y aúlla su desesperación. La única intervención eficaz frente a esta forma de cólera consiste, en primer lugar, en permanecer tranquilos, para a continuación intentar tranquilizar al bebé a fin de sacarlo del pánico que experimenta.

La cólera en niños de entre uno y tres años

Entre uno y tres años, el niño utiliza la cólera para dar a conocer su frustración cuando:

– no quiere estar solo;
– no consigue alcanzar un objeto;
– no puede llegar a un sitio determinado;
– siente dolor;
– no quiere acostarse;
– le quitan un juguete;
– es incapaz de realizar una tarea.

Algunos niños expresan cólera en algunas ocasiones y resulta relativamente fácil calmarles. Otros parecen desarrollarla como medio de comunicación favorito y reproducen crisis de rabia durante las que aúllan, patalean, ruedan por el suelo, se golpean la cabeza contra el suelo e intentan golpear a otros. En esos momentos, pierden totalmente el control y están completamente invadidos por su frustración. Deben aprender a expresar de otro modo su insatisfacción y comprender que ese tipo de crisis son inaceptables. No obstante, algunos padres no quieren oír llorar a sus hijos y:

- no les dejan nunca solos;
- les dan todo lo que quieren;
- les llevan siempre allí a donde quieren llegar;
- intentan responder a todas sus demandas;
- efectúan la tarea que el niño no puede realizar;
- aceptan que el niño no se acueste, aunque esté muy cansado.

Actúan así por amor, pero el niño no aprende a enfrentarse a la realidad que le rodea cuando ésta está llena de frustraciones potenciales.

Cuando un niño pequeño da muestras de cólera, la primera intervención consiste siempre en intentar tranquilizarle. Si se resiste y permanece encerrado en su cólera, el adulto debe ponerse a su altura y decirle con sosiego: «No. Ya basta». El niño ha de comprender que la crisis es inaceptable. Si la situación persiste, es importante aislarle, por ejemplo en su cama, recordándole regularmente que está seguro. Cuando la crisis remita, será el momento de proporcionarle seguridad.

Un niño desea la atención de sus padres. Si se da cuenta de que la cólera le proporciona dicha atención, continuará utilizándola. Si, por el contrario, esta forma de comportamiento le priva de su presencia, comprenderá rápidamente que más vale no emplearla.

La cólera en niños a partir de los cuatro años

Hacia los cuatro años de edad, el niño posee ya un lenguaje bien articulado que le permite expresar verbalmente su cólera. Al repertorio de gritos y gestos bruscos se añaden ahora palabras maliciosas y amenazas diversas. A partir de esa edad, la cólera puede manifestarse cuando:

- no obtiene un privilegio deseado;
- se niega a salir de casa para ir al colegio;
- no recibe la atención deseada;
- no controla una situación;
- se siente menospreciado por sus compañeros;
- debe someterse a ciertas reglas.

Cuando un niño se enfada o estalla en cólera, tiene escaso control de sus pulsiones. Si consigue beneficios secundarios e importantes de la cólera, como la atención de sus padres, o la obtención de todos sus caprichos, se arriesga a instalarse cómodamente en esa mala costumbre, sin importarle las consecuencias. Será el momento de recurrir a un ejercicio que veremos más adelante y que trata del niño rebelde.

Si se le riñe tras una gran demostración de cólera, junto con consecuencias desagradables, el niño suele experimentar un sentimiento de culpabilidad e impotencia que le hace desgraciado. A partir de los cuatro años de edad podemos ayudarle a controlar rápidamente su cólera. Cuando ésta se traduce en crisis de rabia, de furia, de agresividad o de violencia, es importante dotar al niño de una herramienta que le permita controlarse.

Procedimiento a seguir
- Elegimos un momento en el que esté tranquilo.
- Le hacemos comprender los perjuicios que su cólera le ocasiona y las consecuencias nefastas que le aporta

(impresión de ser malo, castigos, rechazo de sus amigos, etc.).

– Le preguntamos si no ha sufrido ya bastantes consecuencias nefastas.

– Le explicamos que cuando siente cólera, se pone como una bomba a punto de explotar.

– Le sugerimos que imagine una bomba con cables de varios colores, entre ellos uno rojo. Si lo prefiere, puede dibujar una bomba.

– Le indicamos que debe cortar o arrancar el cable rojo para desactivar la bomba y que es algo que puede hacer en cada ocasión en que sienta cólera.

– A partir de entonces, y en cada ocasión en que sintamos que aumenta su cólera, le sugeriremos que corte el hilo rojo de su bomba, recordándole las penosas consecuencias que se derivarían en caso de no hacerlo: «Sería preferible que cortases el cable de la bomba, si no acabarás pagando tú los platos rotos. Sería una pena».

– El niño poseerá a partir de entonces una herramienta concreta y eficaz que le permitirá controlar su cólera.

Las formas disfrazadas de la cólera

Cuando un niño comprende que no puede utilizar las crisis de rabia, la furia, la agresividad o la violencia, a veces puede desarrollar nuevas expresiones de cólera más solapadas pero muy destructivas, como pasividad, rencor, enfurruñamiento, irritabilidad, intransigencia, impaciencia y odio.

El comportamiento pasivo-agresivo

El niño que manifiesta una marcada pasividad frente a las demandas que se le hacen, que parece que siempre obedece a regañadientes o costándole mucho, suele estar demostrando una forma de cólera contra su entorno que no puede expresar de otro modo. Mantiene la actitud inadecuada a pesar de la posibilidad de castigos porque necesita expresar su cólera y no se atreve a hacerlo abiertamente por miedo al rechazo o al abandono.

El rencor

El resentimiento es una animosidad que el niño mantiene hacia uno de los padres, hacia otro niño, un vecino o un enseñante, a consecuencia de tener la impresión de haber sido tratado injustamente por ellos. Este rencor puede traducirse en agresividad, violencia, enfurruñamiento o bien en pasividad, dependiendo de si es evidente o disimulada. El rencor siempre oculta pena y miedo. Aunque el niño sea consciente de que el rencor es un sentimiento feo, se arriesga a apegarse a él mientras no pueda exteriorizar las emociones que oculta.

El enfurruñamiento

El enfurruñamiento constituye una manera de expresar la cólera que evita tener que utilizar palabras, lo que en ocasiones provoca que el mensaje no resulte fácil de comprender. Se trata de una forma de castigo que el niño impone a la persona contra la que dirige su cólera: la hace sufrir mediante su indiferencia. El enfurruñamiento nunca dura mucho porque implica que el niño se quedará solo, algo que detesta.

La irritabilidad

El niño que se irrita con facilidad ha desarrollado la cólera como método para atraer la atención y someter al entorno a sus deseos. Se trata de una forma inconsciente de manipulación que utilizará mientras obtenga beneficios de ella. Este niño tiene dificultades para hacer frente a la frustración, una parte integral de la vida cotidiana.

La intransigencia

El niño intransigente exige atención constantemente a los demás, así como resultados y respuestas afirmativas a sus demandas. No acepta negativas, ni fracasos, ni errores, que son susceptibles de provocarle ataques de cólera súbitos. La intransigencia constituye una clara intolerancia frente a la frustración.

La impaciencia

La impaciencia es la incapacidad de obligarse a algo o de esperar, que deriva directamente de una dificultad a aceptar la frustración. El niño exige pues resultados inmediatos a las acciones que plantea. La impaciencia representa una forma de cólera que el niño puede dirigir contra sí mismo si sufre dificultades para llevar a cabo una tarea o contra los demás si se demoran en responder a sus demandas.

El odio

El odio es una intensa hostilidad que empuja a querer perjudicar a alguien. En el niño, el odio siempre dura poco. Cuando afirma: «Le odio, le detesto, voy a matarle», se trata de un simple grito de cólera que le permite expresar el sufrimiento que padece. Una vez pasada la cólera, también desaparece el odio. Si éste aparece de manera regular en un niño, es que está alimentado consciente o inconscientemente por una persona de su entorno.

El dominio de la cólera

Poco importa el medio de expresión que utilice, porque la cólera siempre es un exutorio de la presión engendrada por una ansiedad subyacente que, a su vez, es desencadenada por el miedo y la pena.

RECORDAR:
**Bajo la cólera siempre se esconden el miedo
o la pena que causan la ansiedad.**

En primer lugar, el niño debe aprender que los gestos, palabras y comportamientos que acompañan la cólera son inadmisibles. A continuación se le puede proporcionar las herramientas de las imágenes de la bomba y del niño rebelde, para así permitir que la domine.

Sin embargo, el único método eficaz para ayudar a un niño a eliminar rápidamente sus hábitos coléricos consiste en permitirle concretar sus miedos y penas y ayudarle a deshacerse de ellos, como hemos indicado en los capítulos precedentes y, como veremos en el que trata del niño rebelde (capítulo 8).

Los miedos y penas que subyacen a la cólera

Las crisis de rabia, la furia, la agresividad y la violencia constituyen reacciones impulsivas que manifiestan una frustración vinculada al miedo a ser rechazado, olvidado, abandonado o despreciado, sin que la razón de ella llegue a manifestarse. El niño suele considerar el rechazo a una de sus demandas como un rechazo a su persona. Por ello, cree que su interlocutor no le quiere, lo que le parece dramático, pues tiene necesidad del otro para no estar solo y hallarse frente al vacío.

La cólera impulsiva

Se suele creer que un niño colérico es un niño mimado, que es de mal carácter y que hay que domarle, como si fuese un animal salvaje. La realidad es mucho más simple: necesita comprender que una negativa no es un rechazo, que el mundo no se viene abajo por ello y que la vida continúa cuando se le quita un objeto o cuando las otras personas no están disponibles inmediatamente. Se le puede enseñar todo eso manteniendo la negativa y hablándole, sin cortar el contacto con él.

No, no puedes coger eso,
pero vamos a buscar otra cosa.

Ahora mismo no puedo jugar contigo,
pero te sigo queriendo y jugaremos más tarde.

¿No ha venido tu amigo para jugar?
Qué pena, pero no estás solo. Yo estoy aquí.

Este tipo de intervención tiene por objeto reconocer la pena del niño al mismo tiempo que se resta dramatismo a la situación y se le tranquiliza. Tras algunas intervenciones de ese tipo, el niño empieza a comprender que una negativa no tiene nada de crítica. El pánico desaparece y los comportamientos coléricos se difuminan.

Sin embargo, si el niño no aprende a diferenciar entre la negativa a una demanda y el rechazo a su persona, conservará en él esa ecuación que se arriesga a llevar encima durante toda su vida y a mantener numerosos comportamientos violentos y otras formas de cólera.

La cólera disfrazada

El rencor, el odio, la pasividad, la irritabilidad, el enfurruñamiento, la intransigencia y la impaciencia también ocultan penas y miedos inconscientes. Además del miedo al vacío vinculado con el abandono, el rechazo y la traición, entre los niños que utilizan este tipo de formas de cólera también puede observarse el miedo a carecer del valor suficiente como para merecer amor y felicidad, así como el de no ser lo suficientemente competente. Estos temores le someten a una intensa presión, y al utilizar el resentimiento, la intransigencia y las otras formas de cólera disfrazada, está intentando convencerse de que no ha merecido el tratamiento recibido y que son los demás los que deben ser castigados a causa de sus actos.

Para ayudar a un niño a abandonar esos malos hábitos y evitar que le persigan durante toda la vida, el único trabajo que resulta realmente eficaz consiste en ayudarle, de modo que sea consciente de los miedos que le embargan con relación a su valía y competencia, y trabajarlos como hemos visto en el capítulo 4.

Capítulo 7

Las falsas creencias de la infancia

Una creencia es la certeza de que algo existe o la convicción de que una situación representa la verdad. Las primeras creencias del niño le son transmitidas por las personas que le rodean y, lentamente, él va desarrollando otras nuevas como consecuencia de las experiencias que se suceden. La mayoría de las creencias son realistas, pero hay algunas que son irracionales porque no se adecuan a la lógica y a la realidad.

La credulidad del niño

El niño de menos de seis años cree en los Reyes Magos, en las hadas, en el ratoncito Pérez, en los monstruos, en los animales que hablan, en la magia, así como en la omnipotencia de sus padres y la suya propia. La primera infancia es la época de las maravillas y de la credulidad, siempre que la lógica que acabará demostrando el perfil irracional de esas creencias no se halle todavía presente. La mayoría de las convicciones se ajustan y modifican a lo largo de los años, dependiendo de los datos nuevos que van añadiéndose y que la lógica va filtrando. No obstante, ¡en todos nosotros hay un niño pequeño que sobrevive, que es capaz de maravillarse y al que le encantaría seguir creyendo en lo fantástico y lo irracional!

La falsa creencia primaria

Como ya hemos visto anteriormente, un bebé se halla desnudo ante un mundo demasiado grande para él y en el que necesita referencias sólidas para sentirse seguro. Esta sensación le lleva a creer:

– que solo no es nadie;
– que tiene una absoluta necesidad de estar con alguien;
– que fuera de su medio conocido sólo existe el vacío.

La falsa creencia primaria del ser humano:
La soledad es igual al vacío.

En el plano psicológico, esta creencia alimenta los miedos al rechazo y al abandono, y también es una fuente de ansiedad para el niño. Esta creencia adopta otras apariencias con el paso de los meses, a medida que el bebé descubre referencias externas a su familia y a su entorno inmediato. Sin embargo, no siempre desaparece por completo. A veces sólo se modifica y crea otros tipos de creencias irracionales.

La desaparición de la falsa creencia primaria

Como tiene la impresión de no existir sin la presencia de los demás, el bebé intenta pues asegurarse la atención constante de estos. A partir de los dos años de edad, desarrolla pensamientos inconscientes y comportamientos que tienen por objeto eliminar el peligro de ser rechazado o abandonado y, por ello, disminuir su ansiedad. Así empieza a desarrollar su personalidad y a ajustarse a la vida:

- tiene en cuenta las demandas externas;
- es capaz de divertirse;
- aprende a aceptar las reglas y a reconocer la presencia de límites;
- descubre que el mundo continúa existiendo aunque esté solo;
- comprende que no puede hacerlo todo ni controlarlo todo.

Mediante estas adquisiciones, se difumina la falsa creencia y el niño desarrolla lentamente una vida propia. Claro está, sigue necesitando a los demás, pero ya no tiene la impresión de que la presencia de éstos sea vital para su supervivencia. El niño que consigue integrar estos distintos aprendizajes desarrolla certezas que le aseguran una sensación de seguridad y cierto equilibrio.

Mantener la falsa creencia primaria

Por desgracia, esta creencia que le enseña que no puede existir sin la presencia de los demás no desaparecerá siempre con tanta facilidad. Algunos niños la dan por hecho y desarrollan pensamientos irracionales que se prolongarán varios años y que tienen por objeto contrarrestar el peligro que representa. Así pues, el niño del que se dice que es demasiado perfecto y, por el contrario, del que se afirma que es un dolor de cabeza, muy inquieto, presentan síntomas ansiosos: su actitud es la respuesta a una profunda inquietud.

El niño perfecto

El niño demasiado dócil siempre cree que la soledad es igual al vacío y por ello ha desarrollado el siguiente pensamiento a fin de contrarrestar los peligros del rechazo y el abandono:

*Debo ser SIEMPRE bueno y educado
para que me quieran y me hagan caso.*

Este pensamiento incita al niño a ser muy dócil, obediente, perfecto e incluso obsequioso, casi demasiado bueno podría decirse, empujándole a adoptar comportamientos de servilismo, perfeccionismo, pasividad, sumisión y complacencia. Ese niño no vive, sino que adopta una modalidad de supervivencia que le exige una vigilancia constante. Depende de la atención que le presten los demás y no acaba de desarrollar la inmanencia que le proporcionaría sensación de seguridad.

El niño muy inquieto

El niño muy inquieto tiene dificultades para parar. Siempre está activo, formula demandas constantemente e intenta llamar la atención de todas las maneras. Ha desarrollado un pensamiento que tiene por objeto contrarrestar el peligro de que se le olvide y abandone:

Debo hacer TODO lo posible
para que no se olviden de que estoy aquí.

Este pensamiento le incita a llamar la atención de los adultos de diversas maneras, por lo general ruidosas y perturbadoras, a fin de que no se olviden de que existe. Se arriesga así a presentar hiperactividad, exigencias repetitivas, crisis de cólera, intransigencia, agresividad e incluso violencia. Ha adoptado una modalidad de supervivencia en la que depende por completo de la atención que se le presta. Está dispuesto a aceptar las críticas, las regañinas y los castigos, con tal de que no se olviden de que existe.

Debo ser SIEMPRE bueno y educado para que me quieran y me hagan caso, o: Debo hacer TODO lo posible para que no se olviden de que estoy aquí, son dos pensamientos que pueden desencadenar comportamientos y actitudes diametralmente opuestos y que, no obstante, persiguen un único y mismo objetivo: no encontrarse solo. Tanto si es perfecto como inquieto, el niño que funciona según uno de esos dos pensamientos sigue creyendo, equivocadamente, que la soledad equivale al vacío y que es incapaz de sobrevivir sin la presencia de los demás.

Desterrar la falsa creencia primaria

Podemos evitarles una gran fuente de ansiedad a nuestros hijos si les permitimos deshacerse de esta falsa creencia que pudiera acompañarles durante muchos años e incluso durante toda la vida. Así disminuiremos los posibles riesgos de dependencia afectiva, perfeccionismo, hiperactividad, pasividad, sumisión, agresividad y violencia.

Todo niño que presente síntomas de ansiedad es que alberga esta creencia primaria a un nivel más o menos elevado y de manera más o menos inconsciente. Necesita darse cuenta de que es capaz de desenvolverse por sí mismo y que el mundo no se viene abajo por estar solo. El hecho de obligar al niño a pasar ratos de soledad durante los que vamos a tranquilizarle regularmente le permitirá comprender que la vida continúa incluso cuando está solo.

El niño perfecto necesita que se le demuestre que tiene derecho a hacer ruido, a pedir cosas o a cometer pequeñas equivocaciones sin que eso comprometa nuestro amor por él. Es algo que se le puede enseñar a través de diversos juegos en los que nosotros nos mostraremos ruidosos o torpes. Reírse con el niño en esas situaciones las vuelve menos dramáticas a sus ojos.

El niño inquieto necesita límites más rígidos, a la vez que se le hace comprender que es imposible olvidarle: «Sé que estás aquí, aunque no te mire». El dejar a solas al niño cuando se pone muy pesado y molesto, le enseña que tales comportamientos provocan el efecto contrario al buscado y le ayuda a comprender que la vida continúa, incluso si los padres no están constantemente en su campo de visión.

La falsa creencia relativa al placer

Desde su nacimiento, el niño está dotado de un instinto que le empuja a rechazar lo que le desagrada. Todavía no conoce el placer de tener leche caliente en el estómago ni el relacionado con estar seco, pero siente la contrariedad causada por el hambre o por tener las nalgas empapadas. Comunica su malestar mediante llantos y chillidos. Con el paso de los meses, aprende a enfrentarse a los distintos disgustos que comporta la realidad, pero el instinto que le empuja a evitar lo que le desagrada continuará presente toda la vida.

Como posee esta propensión a querer estar bien y a evitar cualquier cosa no placentera, el niño llega a creer que la vida debería responder a sus demandas automáticamente. De ahí proviene la creencia irracional:

La vida SIEMPRE debería ser bella
y buena y procurarnos placer.

Algunos niños aprenden rápidamente a modificar este pensamiento y a hacer frente a la frustración, lo que les proporciona cierta serenidad. A otros les cuesta más y continúan rechazando los disgustos que toda vida comporta, viviendo así frustraciones continuas.

La desaparición de la falsa creencia relativa al placer

El niño nace pues con un instinto que le empuja a evitar lo que le desagrada y con la creencia de que todo debería ser fácil. No obstante, no pasa demasiado tiempo antes de que deba afrontar una realidad que no solamente no permite todos los placeres, sino que, además, comporta numerosos disgustos inevitables. Mediante los rechazos y los aplazamientos, descubre:

– que a veces hay que esperar para obtener la satisfacción de una necesidad;
– que no puede conseguir todo lo que desea;
– que los demás también tienen su importancia;
– que algunos sufrimientos son inevitables;
– que no todo es fácil;
– que no es el centro del mundo.

Así es como aprende a interactuar con el entorno físico y humano, así como con los límites que éste le impone. Al desarrollar una aceptación de las reglas inherentes a la vida, aunque no le sean favorables, está sentando las bases de la serenidad y de la sensación de seguridad.

Mantener la falsa creencia relativa al placer

Por el contrario, el niño que rechaza someterse a las exigencias del entorno, de sus padres o de sus iguales está en lucha constante y vive frustraciones de manera regular y constante. Da por hecho que la vida siempre debería ser fácil y agradable, y desarrolla pensamientos irreales y los comportamientos inadecuados que llevan parejos. Así pues, el niño del que se dice que nunca pide nada y el que es extremadamente exigente presentan igualmente síntomas ansiosos: su actitud responde a una misma inquietud profunda relativa al sentido de la vida.

74

Cuando un niño no aprende a aceptar la frustración, desarrolla pensamientos que pueden conducirle a comportamientos inadecuados y a que le provoquen ansiedad.

El niño que no pide nada

El niño que no expresa sus necesidades o que duda a la hora de hacer peticiones teme por encima de todo el disgusto que le acarrearía un rechazo y la decepción consiguiente. Para evitar esa contrariedad, desarrolla el siguiente pensamiento:

Más vale no pedir nada
para no acabar decepcionado.

Este pensamiento se manifiesta cuando el niño considera la decepción como una inmensa fuente de desazón y que le resulta mucho más difícil de asumir que la privación del objeto deseado. Le incita a eclipsarse, a satisfacerse poco y a intentar por encima de todo triunfar por sí mismo sin pedirle nada a nadie. Los comportamientos susceptibles de aparecer son, entre otros, el servilismo, la pasividad, el perfeccionismo y un repliegue sobre sí mismo. Este niño adopta una modalidad de supervivencia que le hace sentirse relativamente seguro, pues este pensamiento le protege un poco de la ansiedad ligada a posibles decepciones. No obstante, se trata de un niño triste porque no vive realmente.

El niño exigente

Por el contrario, algunos niños son extremadamente exigentes y difícilmente aceptan las negativas. Creen merecerlo todo y que si se les quiere, hay que responder positivamente a sus expectativas. No parecen comprender que un

NO es un NO, sino que intentan más bien esquivar el desaire de maneras diversas. Han desarrollado un pensamiento que tiene por objeto evitarles la desazón ocasionada por una negativa:

Hay que intentarlo todo para conseguir lo que se desea.

Puede observarse esa convicción en el niño que tiene la seguridad del amor ajeno y que siente cierta lasitud en los demás. Pide, insiste regularmente y exige la satisfacción de sus deseos a través de diversos comportamientos inadecuados: crisis de cólera y rabia, agresividad, enfurruñamiento, manipulación, intransigencia e impaciencia. El niño exigente no posee una imagen clara de los límites que impone la realidad. Adopta la modalidad de supervivencia y así siente una relativa seguridad, pues ese pensamiento le protege un poco de la ansiedad ligada a posibles decepciones. Sin embargo, se trata de un niño que vive constantemente en el miedo.

«Más vale no pedir NADA para no acabar decepcionado» y «Hay que intentarlo TODO para conseguir lo que se desea», son dos pensamientos opuestos que apuntan al mismo objetivo: no sufrir frente a un posible disgusto causado por la decepción o un rechazo. El niño que funciona según uno de esos pensamientos sigue creyendo falsamente que lo que le desagrada resulta demasiado difícil de asumir.

Desterrar la falsa creencia relativa al placer

Como la creencia de que la vida SIEMPRE debería ser bella, buena y procurarnos placer no corresponde a la realidad, crea inquietud en los niños que la albergan. Podemos evitarles esta forma de ansiedad permitiendo que se deshagan de ella, pues si no se la delimita de inmediato, puede llegar a destruir su vida adulta a diferentes niveles. A la larga, es posible que lleguen a desarrollar pasividad, abnegación, tristeza, depresión y autodestrucción, o bien que se vuelvan arrogantes, orgullosos e incluso tiránicos.

Estos niños necesitan aprender que una decepción o una negativa no es nada dramático y que no es el fin del mundo. Es importante incitar al niño que nunca pide nada a hacerse consciente de sus necesidades y de sus deseos, y a expresarlos de manera abierta, aunque no siempre resulte posible satisfacerlos. Por el contrario, el niño demasiado exigente debe aprender que no puede ver satisfechas todas sus necesidades y deseos y que debe saber controlar la frustración inherente a una negativa. Este aprendizaje se realiza en el marco de límites estrictos que van acompañados de consecuencias que se derivan de la transgresión de las reglas establecidas.

La falsa creencia relativa a la omnipotencia

Los niños pequeños tienen una sensación de omnipotencia muy desarrollada que les empuja a creer que todo es posible, que son capaces de todo, de que todo les salga bien y de conseguirlo todo. La realidad se encarga de ponerles rápidamente diversos obstáculos y frustraciones que se van acumulando y que poco a poco les hacen comprender que existen numerosos límites a su poder y a su capacidad de control. Cuando acaban reconociendo y aceptando que no son omnipotentes, también aceptan los límites y hallan una forma de seguridad en el marco que éstas les procuran.

Algunos niños se niegan no obstante a renunciar a esta falsa creencia, aunque la realidad les demuestre lo contrario. Continúan pensando:

Es normal poder hacerlo todo,
que todo salga bien y conseguirlo todo.

Difícilmente aceptan las negativas, los fracasos y los errores, y cada demostración de su impotencia les acarrea intensas frustraciones.

La desaparición de la falsa creencia relativa a la omnipotencia

Para poder disminuir la creencia en la propia omnipotencia, el niño necesita balizas y reglas muy claras, previsibles y constantes. Así descubre:

– que le es imposible obtenerlo todo;
– que carece de la capacidad de que todo le salga bien;
– que no puede controlar a los demás;
– que no puede controlar los acontecimientos;
– que su libertad acaba donde empieza la de los demás.

De ese modo aprende a reconocer sus propios límites y construye su identidad teniendo en cuenta la realidad. Además, desarrolla respeto hacia los demás, pues sabe que los necesita y que, por ello, son importantes.

Mantener la falsa creencia relativa a la omnipotencia

Algunos niños tienen dificultades para contrarrestar esta falsa creencia y continúan creyendo profundamente que cuentan con la capacidad de controlarlo todo. No han aprendido a tener en cuenta la realidad que deben afrontar, aunque ésta les cause frustraciones de manera repetida. Desarrollan diversas formas de cólera, que dirigen contra los demás o contra ellos mismos. La negativa a aceptar el hecho de que tienen límites les lleva a vivir sentimientos de impotencia, incomprensión y de injusticia, que a su vez generan una gran inquietud y, por tanto, ansiedad. Algunos niños creen firmemente que deberían ser omnipotentes, y cuando se dan cuenta de que no lo son, desarrollan un intenso menosprecio hacia sí mismos. Por el contrario, otros se aferran a esta creencia y hallan en ella una motivación inagotable.

El niño sin autoestima

El niño que carece de confianza en sí mismo y que parece adolecer de falta de autoestima está convencido de que debería contar con TODAS las capacidades y el potencial necesarios para conseguirlo TODO. Esta creencia en la omnipotencia le empuja a evaluarse con una escala de perfección, lo que conlleva el pensamiento:

Si no llego a conseguirlo todo,
es que no valgo para nada.

Esta ideología, que revela perfeccionismo, conduce al niño a percibirse como un incompetente y, por tanto, como alguien poco digno de interés o de ser amado. Para evitar que los demás perciban su ineptitud, puede desarrollar inconscientemente comportamientos de pasividad y pereza, pues si no hace nada, no se arriesga a fracasar y a dar a conocer la incompetencia que cree suya. Este niño vive un repliegue sobre sí mismo en el que la inacción se convierte en una manera de sobrevivir que le procura una seguridad relativa. Si no se erradica la creencia relativa a la omnipotencia en el niño, se arriesga a que se le acumulen los problemas, aumentando con ello su menosprecio por sí mismo y los trastornos asociados.

El niño demasiado seguro de sí mismo

Algunos niños parecen contar con una inquebrantable confianza en sí mismos. Son luchadores y acostumbran a desempeñar el papel de líderes cuando se hallan entre otros niños. Pueden mostrarse muy exigentes consigo mismos y con los demás, e incluso pueden llegar a ser totalmente tiránicos. Funcionan siguiendo el pensamiento:

Soy capaz de triunfar en todo
y de conseguirlo todo.

Puede observarse esta certeza entre los niños que no han aprendido a reconocer los límites que impone la realidad y que se creen amos y señores de su entorno. Para conseguir sus fines intentan controlarlo todo utilizando, dependiendo de las circunstancias, la cólera, la adulación, la manipulación, la intransigencia o la gracia. Este pensamiento irracional suele suscitar una intensa rigidez mental, que empuja al niño a desarrollar comportamientos teñidos de perfeccionismo y orgullo, actividad, frustración y desprecio. Además, se siente constantemente inquieto porque debe hallar continuamente nuevos medios para controlar un entorno que de hecho le es imposible controlar.

Cambiar las falsas creencias de los niños

Cuando un niño es demasiado perfecto, inquieto, tranquilo, exigente, carente de autoestima, demasiado seguro de sí mismo, extremadamente tímido, tiránico, hiperactivo, pasivo o perezoso, es muy probable que albergue en su interior una o diversas creencias falsas de la infancia, así como los pensamientos asociados.

Falsas creencias de la infancia	Pensamientos que incitan a las actitudes de retraimiento	Pensamientos que conducen a comportamientos inadecuados
La soledad igual a vacío.	Debo ser siempre bueno para así ser amado.	No debo permitir que los demás se olviden de que estoy aquí.
La vida siempre debe ser bella y buena y proporcionarnos placer.	Más vale no esperar nunca nada para no acabar decepcionado.	Debo hacer todo lo posible por obtener lo que deseo.
Lo normal es poderlo hacer todo, hacerlo todo bien y conseguirlo todo.	Más vale no emprender nada si no tengo garantías de éxito.	Soy siempre capaz de hacerlo todo y conseguirlo todo.

En niños de dos a cinco años

A partir de los dos años de edad, es posible empezar a observar en los niños actitudes y comportamientos que denotan la presencia de falsas creencias y ayudarles a modificarlas mediante intervenciones como:

– Enseñar al niño que es normal:
- no ser perfecto;
- sentirse decepcionado;
- no ser competente en todos los ámbitos.
– Hacer que acepte:
- que sabemos que está aquí, aunque no le miremos;
- que es imposible experimentar sólo placer;
- que no hay nadie omnipotente en ningún campo.

Estas intervenciones se llevan a cabo mediante explicaciones muy sencillas y breves, pues el niño pequeño todavía no ha desarrollado su capacidad lógica. Cuando el niño da muestras de comportamientos inadecuados, es importante añadir a las explicaciones las consecuencias que podrían provocar, como quedarse a solas temporalmente.

En niños a partir de los seis años

El niño de seis años de edad posee elementos de lógica que le permiten conocer muy bien las reglas que enmarcan su entorno; comprende lo que es aceptable y lo que no lo es, y conoce las obligaciones y las prohibiciones que rigen la vida en sociedad. Teniendo esto en cuenta, podría pensarse que a partir del momento en que se desarrolle la lógica ya es apto para adaptarse a las reglas existentes. Es capaz de hacerlo, pero la presencia de creencias falsas y de pensamientos irracionales puede impedir que la lógica ocupe el lugar que le corresponde.

En esa situación podemos utilizar un ejercicio simple y divertido que permitirá al niño conducir el pensamiento irracional hasta el nivel de la consciencia y modificarlo, convirtiéndolo en un pensamiento que se ajuste más a la realidad.

Procedimiento a seguir
- Identificar con claridad, entre los seis pensamientos irracionales siguientes, cuál es el que invade al niño:
  - debo ser siempre bueno para ser amado;
  - no debo permitir que los demás se olviden de que estoy aquí;
  - más vale no esperar nunca nada para no acabar decepcionado;
  - debo hacer todo lo posible por obtener lo que deseo;
  - más vale no emprender nada si no tengo garantías de éxito;
  - soy siempre capaz de hacerlo todo y conseguirlo todo.
- Conseguir que el niño tome conciencia de que posee esa creencia, que escucha esa frase en su cabeza.
- Explicarle que es como si tuviese una cinta, un CD o un DVD que funcionase en su cabeza, repitiendo siempre la misma frase.
- Conseguir que desee cambiar ese pensamiento demostrándole las consecuencias negativas que desencadena en él (tristeza, soledad, decepción, castigos, etc.).

– Ofrecerle un pensamiento más realista, mostrándole el lado racional del mismo mediante ejemplos de su vida cotidiana:

- a veces cometo errores, pero la gente me sigue queriendo;
- los demás saben que existo, aunque no me vean;
- decepcionarse es triste, pero es muy agradable tener sueños;
- es imposible conseguir siempre lo que se desea;
- nadie es perfecto;
- nadie puede hacerlo todo bien en todos los campos.

– Cuando acepta la nueva forma de pensamiento, debemos continuar con el ejercicio de las imágenes. Así pues, le pediremos que imagine que va a una tienda de electrónica para comprar una cinta, un CD o un DVD, que contiene la nueva creencia y que la guarde en su cabeza en lugar de la antigua. Le pedimos que realice pruebas para estar seguros de que comprende bien la frase nueva y adecuada.

– Cuando finaliza la sesión imaginativa, el pensamiento ha sido modificado y la actitud cambia automáticamente en pocos días o semanas.

Cuando un niño de seis a doce años de edad demuestra comportamientos inadecuados muy enraizados, no bastará con modificar sus pensamientos irracionales para que aquéllos desaparezcan, pues el niño ha aprendido a obtener los beneficios secundarios que reportan. A continuación veremos cómo conseguir que el niño recupere por sí mismo el control sobre esos comportamientos.

Capítulo 8

Los comportamientos inadecuados o la parte rebelde

Ya hemos visto que las creencias falsas y los pensamientos irracionales que se han integrado pueden provocar comportamientos inapropiados en los niños. Entre ese tipo de comportamientos están las crisis de cólera y de rabia, el enfurruñamiento, la manipulación, el servilismo, la hiperactividad, el perfeccionismo, la agresividad, la violencia, la pasividad, la pereza y el egoísmo.

Las crisis de cólera y de rabia

Estas crisis suelen manifestarse durante los primeros tres años de la vida del niño. Puede llorar, chillar, aullar, rodar por el sueño, darse cabezazos contra las paredes o el suelo, pegar a otro e incluso llegar a vomitar cuando pierde totalmente el control de sí mismo. Un marco de referencia enseñará al niño a controlar los impulsos de cólera, mientras que la adquisición del lenguaje le permitirá expresar verbalmente su frustración.

Los niños que conservan mucho tiempo esta forma de expresión lo hacen generalmente porque hallan en ello importantes beneficios, como por ejemplo atraer la atención de los demás, la obtención de los placeres deseados o la impresión de controlar su entorno. Estos tres beneficios responden directamente a las falsas creencias del niño, como acabamos de ver.

Estas crisis se difuminan a menudo con el inicio de la asistencia al colegio, pues entonces el niño se ve frente a reglas más estrictas, a consecuencias directas y al juicio de sus iguales. La lógica que aparece le permite situar un poco las pulsiones coléricas que le invaden, pero éstas pueden modificarse, convirtiéndose en formas expresivas más sutiles.

El enfurruñamiento

Enfurruñarse en una forma de cólera disfrazada que el niño suele utilizar cuando tiene entre cuatro y cinco años. Es su manera de expresar frustración y de decir, sin utilizar palabras:

– Estoy encolerizado conmigo mismo.
– Ya no te quiero.
– Mira qué desgraciado soy.

Es una forma indirecta de utilizar la inseguridad de los padres. Si se siente capaz de manipularlos mediante el enfurruñamiento, entonces esta expresión acabará estableciéndose de forma permanente, convirtiéndose en la actuación favorita para expresar la cólera. Este comportamiento no suele manifestarse fuera del hogar, pues entonces el niño debería enfrentarse a la indiferencia o las burlas de sus iguales. Un niño no utiliza nunca durante mucho tiempo un tipo de comportamiento que no le proporcione los resultados esperados.

La agresividad y la violencia

La agresividad es un medio de comunicación no verbal que implica numerosos comportamientos inadecuados en los niños: desobediencia, tozudez, crisis, golpes, mordeduras, palabras desagradables y otras formas de violencia.

El niño que muestra agresividad o violencia hacia sus hermanos y sus iguales, es que tiene miedo. Teme el abandono, la soledad y la competencia en la búsqueda de atención. La agresividad se convierte en su manera de decir:

– No te olvides de que estoy aquí.
– Apártate de mi camino.
– No me hagas daño.

Las maneras ofensivas que utiliza se convierten en un mecanismo de defensa contra un sufrimiento anticipado. En los niños pequeños, la agresividad se controla mediante un marco apropiado y el establecimiento de reglas claras. El niño en edad escolar que conserva comportamientos agresivos y violentos suele mostrarse rebelde frente a la disciplina y reacciona poco a los castigos y a las consecuencias negativas.

Sus comportamientos inadecuados tienen por objeto evitarle el sufrimiento que, no obstante, es precisamente el resultado que obtiene al enfrentarse de manera regular al rechazo, la crítica y el aislamiento. Este niño necesita ayuda, pero toda intervención destinada a explicarle las múltiples razones por las que debería modificar su comportamiento puede acabar siendo vano e inútil. Ya las sabe, pero las olvida en cuanto se manifiestan los instintos coléricos. La única manera eficaz de ayudar a ese niño es influir directamente en su modo pulsional.

La hiperactividad

En la actualidad, la hiperactividad se considera casi como una enfermedad y por ello se trata principalmente con medicamentos como Ritalin. Se ha extendido como una epidemia y afecta a gran número de niños. Pero en realidad, la hiperactividad no es una enfermedad. Representa una huida, un modo de supervivencia que el niño utiliza para hacer frente a un pánico muy intenso. Se aturde. Se niega a sentir y afrontar los miedos que le embargan:

– miedo a vivir;
– miedo a sufrir;
– miedo a encontrarse solo;
– miedo a reconocer su impotencia;
– miedo a darse cuenta de que le es imposible controlarlo todo.

Debe afrontar de manera regular las contrapartidas nefastas de su manera de funcionar, como son el rechazo, el aislamiento temporal, las reprimendas, los castigos y, en ocasiones, las malas notas escolares. Tanto si tiene cinco, ocho o diez años, su reacción de pánico transforma su comportamiento en el de un niño pequeño en el que todavía no se ha desarrollado la lógica. Por ello es necesario dotarle de una herramienta eficaz que permita que su lógica entre en funcionamiento a partir de las primeras señales de pánico.

La manipulación

La manipulación psicológica es una técnica que permite obtener que alguien haga algo que no quiere hacer sin que se dé cuenta. Todos los niños ensayan, en una u otra ocasión, diversas técnicas manipuladoras para intentar conseguir sus objetivos. Si no funcionan, las olvidan de inmediato. Sin embargo, si dan resultados positivos, las conservan mientras sean eficaces. Es lo que ocurre cuando un adulto:

- cede al chantaje de un niño para que éste deje de llorar o dar alaridos;
- se pliega a las demandas del niño para no sentirse como un mal padre;
- siente el enfurruñamiento del niño como un rechazo;
- sucumbe al encanto infantil para no sentirse odioso;
- responde a los halagos del niño dándole lo que éste desea a fin de recompensar su gentileza.

Cuando un niño se da cuenta de que ciertas formas de manipulación le permiten satisfacer sus deseos, las conserva como medio privilegiado de interacción y desarrolla la creencia de que son normales y adecuadas.

Para conseguir que cese la manipulación, el adulto debe, en primer lugar, ser consciente de su presencia y negarse a someterse a ella. Sin embargo, un niño más grande que haya obtenido numerosos beneficios a través de la manipulación se arriesga a no querer abandonarla. Hay que hacerle comprender que está actuando como un bebé mimado que reniega de todo lo que le desagrada y hay que dotarle de un medio eficaz para que controle su parte de bebé.

La pasividad y la pereza

Los niños nacen con una propensión a moverse, tocar, experimentar y avanzar. Es la razón por la que no es posible observar ninguna actitud de pasividad entre los que tienen menos de tres años, salvo en los casos en los que se halle presente una enfermedad física o mental.

Hacia los tres años de edad, el niño atraviesa un período en el que aprende a decir no y a veces incluso, a esa edad, parece no saber decir otra cosa que no. Esta fase, que se desarrolla entre los tres y seis años, es de importancia capital para su desarrollo, pues le permite afirmar su personalidad y autonomía. Por lo general, la fase de negativismo se reabsorbe por sí sola y el niño sigue adelante. No obstante, algunos se quedan atascados en ella y el no adquiere entonces formas disfrazadas que podrían perdurar varios años. También es pasividad y pereza: no hacer nada, esperar o dejar siempre las cosas para mañana representan maneras indirectas de decir no sin enfrentarse a los demás de manera abierta. Estas actitudes, que rápidamente se vuelven inaceptables, le resultan muy útiles, entre otras cosas para expresar la cólera y llamar la atención, y son provocadas por pensamientos inconscientes del tipo:

- Nadie me obligará a hacer lo que no quiero hacer.
- Ya sé que no te gusta ver que pierdo el tiempo, pero así al menos te das cuenta de que existo.
- ¡Venga, pídemelo otra vez! Mientras lo haces te estás ocupando de mí.
- Si no hago nada, la gente se muestra menos exigente conmigo.

Es importante darse cuenta de que el niño que da muestras de pasividad o de pereza no está viviendo. Utiliza esos modos de supervivencia como reacción ante el miedo a la soledad y el abandono. Sabe que esas actitudes son nefastas, pues así se priva de realizar numerosas actividades que pueden ser agradables, y debe asumir las consecuencias negativas asociadas a sus diversas formas de rechazo. Es necesario dotarle de una herramienta eficaz para que pueda controlar esa parte rebelde que le domina.

El perfeccionismo

El niño perfeccionista se ve obligado a triunfar en todo, a ir siempre bien vestido y es muy exigente consigo mismo. Así desarrolla la impresión de control sobre sí mismo y su entorno, lo que le aporta sensación de seguridad. No obstante, es necesario darse cuenta de que el perfeccionismo no es más que la respuesta a una intensa ansiedad, pues puede observarse en niños que tienen constantemente la impresión de hallarse en peligro y que padecen una profunda inseguridad. Mediante esta actitud exigente, el niño quiere conseguir:

- control sobre sí mismo;
- control sobre el entorno;
- una razón para existir;
- la aprobación de los demás;
- autoestima;
- la prueba de su omnipotencia.

Es normal que todo niño intente hacer las cosas bien, mostrarse amable y desee que su entorno le aprecie. Es muy importante que se dé cuenta de que nadie es perfecto, ni él ni ninguna otra persona. Para lograrlo en primer lugar los padres deben aceptar que su hijo no es perfecto y que nunca lo será, en ninguna esfera de su vida. Algunos padres se sienten muy orgullosos de la actitud perfeccionista de su hijo y la fomentan, considerándola una garantía de éxito posterior y una prueba de su propia capacidad de crear perfección. Así pues, deben recordar que el precio que deberá pagar su hijo es una intensa ansiedad y una gran sensación de inseguridad.

Resulta relativamente fácil convencer a un niño de tres o cuatro años de que es imposible alcanzar la perfección, pero la labor resultará más ardua con un niño mayor en el que esté muy arraigado el credo del perfeccionismo. Comprenderá lógicamente que es imposible alcanzar la perfección, pero la programación afectiva puede rebelarse frente a su pensamiento racional. Será pues importante permitirle que se libere de esta programación rápidamente para que pueda recuperar una sensación de seguridad y avanzar con confianza en la vida.

El egoísmo

El egoísmo es una propensión a ocuparse únicamente de las propias necesidades sin tener en cuenta las ajenas. Durante los dos primeros años de vida, todos los niños pequeños viven de un modo egoísta, pues están centrados sobre sí mismos y perciben a los demás como simples prolongaciones de sí mismos. Entre los dos y los siete años, el niño sale lentamente del egocentrismo y se hace consciente de que el mundo exterior existe por sí mismo, aparte de él. Los demás adquieren una individualidad que les diferencia de él, convirtiéndose en otros seres con sus propias necesidades. Mediante aprendizajes diversos, el niño comprende la importancia de compartir, de estar atento a las necesidades ajenas, de satisfacerlas y de demostrar gratitud. Así descubre un placer y también cierta satisfacción.

A algunos niños les resulta muy difícil salir del egocentrismo y permanecen encerrados en un modo exclusivo de satisfacción que tiene por objeto únicamente sus necesidades y deseos. Según su visión de la vida, las personas que les rodean no existen más que para satisfacer los deseos que ellos tienen y no sienten empatía alguna hacia ellas. Se muestran exigentes, a menudo despóticos. Su percepción del mundo y de los demás se traduce a través de pensamientos inconscientes como:

– Las personas están a mi servicio.
– Los demás deben responder obligatoriamente a mis necesidades y deseos.
– Nadie tiene el derecho de tomar lo que me pertenece.
– Lo que pertenece a los demás se me debe ceder si ese es mi deseo.

– Es normal hacer y obtener lo que quiero porque así lo deseo.

Sobre todo a partir de la asistencia al colegio, este tipo de niños consigue adaptarse a ciertas reglas, pero sin acabar de aceptarlas realmente, lo que les proporciona una sensación prolongada de frustración que hace que la vida les resulte difícil. Acaban comprendiendo lógicamente que los demás no están a su servicio, pero una parte de ellos continúa rebelándose ante tal evidencia. Es importante permitirles ejercer rápidamente un control sobre esta parte recalcitrante para que puedan vivir de acuerdo con la realidad e integrarse bien en su red familiar y social.

El servilismo

A diferencia de lo que ocurre con los comportamientos egoístas, algunos niños parecen estar dispuestos a todo con tal de ser aceptados y queridos. Nunca pedirán nada, ofrecerán todo lo que posean, ocuparán poco espacio, responderán afirmativamente a todas las demandas, aceptarán responsabilidades que no les pertenezcan y estarán siempre dispuestos a hacer favores. Si se desea que sigan siendo bebés todo el tiempo posible, lo harán. Si, por el contrario, lo que se quiere es que sean mayores antes de tiempo, harán todo lo posible por actuar de ese modo. Estos niños son encantadores pero... no viven. Se contentan con existir y parecen estar agradecidos de que se les permita hacerlo:

– Gracias por concederme el derecho a estar aquí.
– Eres muy amable al ocuparte de mí.

– Haré todo lo posible por merecer el amor y la atención que me prestas.

Este niño existe de prestado, por poderes. Es muy poco consciente de su valía y no se permite el derecho a existir más que a través de su aptitud para dar y crear placer. Se le debe hacer consciente de sus propias necesidades, debe comprender la importancia de tenerlas en cuenta y que la vida y la felicidad son derechos innatos que no deben obtenerse haciendo méritos.

Los comportamientos inadecuados: mecanismos de protección

Cuando hablamos de crisis de cólera y de rabia, enfurruñamiento, manipulación, servilismo, hiperactividad, perfeccionismo, agresividad, violencia, pasividad, pereza y egoísmo –todos comportamientos inadecuados–, estamos apuntando a mecanismos de protección que el niño utiliza con objeto de protegerse de los peligros que para él representan la soledad, la impotencia, la injusticia y el sufrimiento. Estos comportamientos consiguen integrarse en una base regular porque un día demostraron un cierto potencial de inmunización contra el sufrimiento. Cuando le evitan al niño un rechazo, una decepción, la soledad, una negativa, un error, una crítica o un juicio de valor, en su cerebro se graba una creencia: tal comportamiento evita sufrir. Si utilizar dicho comportamiento demuestra su eficacia en varias ocasiones, la programación se refuerza, transformándose en reflejo.

Podemos intentar explicar a niños de seis años y algo mayores que esos comportamientos son inapropiados y que les perjudican. Lo comprenden muy bien con su razón, pero el reflejo puede acabar siendo más fuerte. El único medio eficaz y rápido de modificar un automatismo tal es desactivar el detonador ayudándoles a ejercer control sobre la parte de sí mismos que se rebela contra la razón.

El ejercicio del niño rebelde

Veamos a continuación un ejercicio muy sencillo, pero extremadamente eficaz, que permite que un niño a partir de seis años tenga control sobre sus comportamientos inadecuados. No se trata de que controlemos al niño, sino de que más bien le demos la oportunidad de hacerse él mismo con el control de una parte de sí que se rebela contra la razón.

Utilizaremos aquí el concepto de niño rebelde para hablar de ese lado del niño que ha permanecido como si fuese un bebé asustado frente al miedo a la soledad y el sufrimiento, y que adopta comportamientos inadecuados y rebeldes frente a la lógica.

El niño rebelde es pues esa parte del niño que actúa sin tener en cuenta a los demás, el entorno ni las consecuencias y que responde directamente al modo pulsional. Hacia los seis o siete años de edad, el niño conoce las reglas que hay que respetar y las obligaciones que debe cumplir. Así es como puede utilizar su lógica para eliminar los comportamientos inadecuados.

Procedimiento a seguir

Pasar algunos minutos a solas con el niño que presenta trastornos del comportamiento y hablarle con dulzura, utilizando su nombre.

Ejemplo

Ya lo ves, es como si en ti hubiese un bebé mimado que siempre hace lo que quiere sin tener en cuenta las consecuencias. El que causa los problemas es el pequeño Éric, un bebé mimado de tres años, y tú, el Éric grande de siete años eres el que acaba pagando los platos rotos.

En la mente de los niños, la noción de rebeldía tiene poca resonancia. Será mejor que utilicemos la expresión de bebé mimado, que sí conoce y que sabe que hace referencia a la imagen de un niño exigente e intransigente.

Este inicio de la intervención tiene dos objetos. En primer lugar, permite que el niño comprenda la diferencia entre su valía intrínseca y los comportamientos que trae consigo. No es una persona mala porque actúe mal. Sin embargo, es consciente de que ha tenido gestos inadecuados, conservando así la responsabilidad de sus gestos o sus palabras. En segundo lugar, a partir de entonces puede establecer una división entre su parte emotiva pulsional (el pequeño) y su parte lógica (el mayor), siendo esta última la que debe ejercer el control de las pulsiones.

A veces hay que insistir un poco para que el niño acepte nuestra sugerencia, pero una vez que lo hace, podemos proseguir con el ejercicio.

Ejemplo

Es el Éric pequeño, que es un bebé mimado de tres años, el que provoca crisis, que no deja de moverse, que se enfurruña, que se niega a obedecer, a compartir sus juguetes, etc., y que te pone regularmente en una situación difícil.

En esta etapa, se hace la división entre la entidad del niño y la parte rebelde que le domina. Podemos ofrecerle una solución.

Ejemplo

Si ya estás harto de tener que pagar a causa de las actitudes de ese bebé mimado, puedes impedir que continúe haciéndolo.

La solución más eficaz consiste en sugerir que imagine que obliga al bebé mimado a reflexionar.

Ejemplo

Me gustaría que le enviases a reflexionar a su habitación, a solas, sin libros, ni juguetes, ni televisión ni ordenador.

En cuanto el niño realiza esta operación, se tranquiliza. Ha recuperado poder sobre sus pulsiones y siente más control.

Ejemplo

El que decide a partir de ahora será el Éric grande de siete años. Cuando tengas necesidad de volver a encolerizarte o de causar cualquier otro problema, piensa enseguida en ese bebé mimado y mándale a reflexionar. Los padres pueden utilizar este ejercicio, así como los educadores o cualquier adulto que deba intervenir, con un niño que presente trastornos de comportamiento. Cuando se realiza bien, las intervenciones posteriores pasan a convertirse en simples recordatorios.

Ejemplo

¡Vaya! Creo que el Éric pequeño, el bebé mimado de tres años, está a punto de causar problemas y que va a acabar pagando el pato el Éric grande de siete. Será mejor que le envíes a reflexionar.

Esta sencilla alusión suele bastar para frenar el comportamiento, pues el niño recupera rápidamente el control de la pulsión que le domina y ésta se diluye lentamente tras algunas intervenciones del mismo estilo. Al dominar sus comportamientos inadecuados, el niño recupera una sensación de solidez y seguridad que atenúa su ansiedad, haciendo que vaya desapareciendo.

Capítulo 9

Los traumas infantiles

Algunos traumas desencadenan en los niños una intensa ansiedad porque hacen que pierdan las referencias y balizas que jalonaron su vida hasta entonces. Entre los sucesos que poseen ese poder de destrucción están, entre otros, las agresiones físicas, verbales y sexuales, los accidentes de carretera, los incendios, la muerte de un ser querido y el desplazamiento fuera del hogar familiar. Poco importa la edad, porque cuando tiene lugar ese tipo de sucesos, el niño pierde el contacto con las certezas inconscientes que asumía hasta entonces y que le procuraban una sensación de solidez y un sentimiento de seguridad:

– Las personas son amables.
– Estoy protegido.

– Mis padres son fuertes y estarán siempre ahí para protegerme.

– Si tengo cuidado no me quedaré nunca solo.

– Controlo la vida y a las personas.

En el momento en que sufre un trauma grave, el niño experimenta intensos sentimientos de soledad, impotencia e incomprensión, un poco como si el mundo que conocía hasta ese día se viniese abajo y se hallase repentinamente ante el vacío. Su confianza en la vida, las personas y en sí mismo se ve muy quebrantada.

La mayoría de los niños están dotados de una buena resistencia ante los choques y, con un poco de ayuda externa, se recuperan rápidamente, hallando nuevas referencias y desarrollando nuevas balizas funcionales. Los efectos traumáticos se desvanecen y el acontecimiento pierde su connotación dramática. Otros carecen de esa capacidad de resistencia y conservan diversas perturbaciones subsiguientes, como hipersensibilidad, trastornos del sueño, una intensa ansiedad e inseguridad persistente. A esos niños, el trauma les ha provocado una sensación de caerse el alma a los pies, una impresión de haber dado un vuelco en la nada y de no saber cómo salir de ahí.

Para que los niños menores de seis años salgan de esta sensación de vacío basta con una intervención que tenga por objeto tranquilizarles y demostrarles que no están solos. Se recuperarán al cabo de algunas semanas y los síntomas postraumáticos desaparecerán. En los niños mayores, estos síntomas pueden resultar más persistentes y la ansiedad puede llegar a ser paralizante. Su lógica les demuestra que no están solos, que han evolucionado en un medio seguro y que están bien vivos, pero la sensación de desesperación que experimentan en el momento del trauma está profundamente arraigada en su sistema emotivo y les hace temer que un día tengan que revivir esa sensación atroz de que todo se derrumba, de gran vacío. Las intervenciones externas que tienen por objeto tranquilizar al niño mediante explicaciones racionales causan escaso impacto y deben prolongarse durante mucho tiempo. Es preferible intervenir en el plano emocional, a fin de quitarle la sensación del vacío y devolverle la sensación de que puede influir en la realidad.

Hacer desaparecer la sensación de vacío

El ejercicio siguiente resulta eficaz para niños de más de seis años que padecen ansiedad, pues aspira directamente a hacer desaparecer la sensación de vacío que subyace a esta última y permitir la rápida reprogramación de una sensación de seguridad. A consecuencia de un trauma grave, el niño tiene la impresión de que el mundo se hunde a sus pies, de que no hay nada a lo que pueda agarrarse. Necesita recuperar un punto de anclaje sólido y eso es lo que le vamos a proporcionar a través de una actividad apropiada que utiliza el dibujo como herramienta de programación.

Procedimiento a seguir
- Pedimos al niño que dibuje una camino imaginando que él está en ese camino y que mira hacia adelante (él elige qué tipo de camino, así como el decorado).
- Cuando acaba de dibujarlo, le pedimos que imagine que ha tenido un problema, que se ha producido un desprendimiento de tierras que ha creado un agujero

enorme que está cortando el camino por delante de él. Le sugerimos que añada el agujero al dibujo.

- A continuación, le señalamos que es muy triste ver un camino por el que resulta imposible avanzar y que valdrá la pena arreglarlo para así poder volver a utilizarlo.
- Le sugerimos que repare el camino y que haga desaparecer el agujero (poco importa si el niño decide dibujar camiones o maquinaria, si se limita a borrar el agujero que había añadido anteriormente o que lo tape pintando encima; lo que importa es que acabe considerando que el agujero está arreglado). También puede tomar otra hoja de papel y redibujar el camino una vez reparado.
- Si afirma que el agujero es demasiado grande para poder arreglarse, podemos proponerle que dibuje un puente que permita pasar por encima.
- Le pediremos que compruebe si el paso es ahora sólido y resistente. Es libre de añadir todas las modificaciones necesarias para que todo esté más seguro.

En este ejercicio, lo importante es que el niño considere que, a pesar de todo, puede continuar avanzando, que no se halla atrapado en un obstáculo. Lo que ignora y no tiene necesidad de saber es que el agujero en el camino es la representación exacta de la fractura que se ha producido en su vida a consecuencia del trauma sufrido. Al realizar este ejercicio de dibujo, se devuelve a sí mismo el poder de seguir avanzando, de volver a vivir, cosa que hará.

En los niños de entre diez a doce años, que poseen mayor capacidad de abstracción, podemos utilizar este mismo ejercicio empleando la visualización en lugar del dibujo.

Capítulo 10

La timidez infantil

La timidez constituye una falta de seguridad en las relaciones que una persona mantiene con las demás. Se traduce en actitudes de temor, de falta de seguridad y de incomodidad excesiva, así como en diversas manifestaciones físicas y psicológicas: transpiración excesiva, temblores, enrojecimiento, sensación de ahogo, tartamudeo, voz apenas audible y torpeza gestual.

En los niños es normal cierta reserva pues deben aprender a evaluar a los demás, a someterse a su juicio y a confiar. Esta reserva puede, no obstante, pasar a ser incapacitadora cuando se transforma en una timidez crónica y generalizada que conduzca al niño a diversas formas de evasión.

– negarse a salir de casa;

– negarse a hacer preguntas;

– privarse de jugar con otros niños;

– apartar constantemente la mirada;

– hablar en voz tan baja que apenas se le oiga;

– ser incapaz de expresar peticiones;

– desarrollar diversos trastornos de comunicación.

El niño tímido tiene mucho miedo a los demás y a los juicios de valor que puedan hacer acerca de él. Su autoestima es escasa y no se da cuenta de que posee una personalidad propia. Parece no existir más que a través de la mirada de los demás. Una situación de ese tipo es aterradora pues, para él, si los demás le rechazan, se convierte en nada. Ese es su principal temor.

Origen de la timidez

La timidez crónica es observable tanto en los niños más mimados como en los que ha padecido carencia afectiva. El niño que vive en un contexto familiar muy protegido puede desarrollar la impresión de que carece de existencia fuera del amor que se le da. Vive en una especie de capullo, protegido de los peligros exteriores. No aprende a calibrar a los demás ni a evaluar su capacidad de hacerles frente. Por el contrario, el niño privado de afecto y comprensión o que evoluciona en un medio familiar conflictivo también puede desarrollar una intensa timidez. Desarrolla menosprecio hacia sí mismo y teme que los demás se den cuenta de su escasa valía. Prefiere evitar su mirada, pues no quiere arriesgarse a ver confirmado lo que piensa de sí mismo.

La timidez no es hereditaria. Suele observarse en hijos de padres que también son tímidos, pero la transmisión tiene lugar a través del ejemplo y no genéticamente. El joven simplemente reproduce la desconfianza hacia los demás que observa en los padres.

La timidez mórbida

La timidez pasa a ser enfermiza cuando paraliza al niño y le impide vivir con normalidad. Éste sobrevive entonces en el interior de un marco de miedo e inseguridad en el que carece de sensación real de identidad y en el que se halla profundamente insatisfecho consigo mismo. El aislamiento al que se confina, y el rechazo que esta actitud provoca, aumenta su menosprecio hacia sí mismo. Está prisionero en un círculo vicioso.

Lo que subyace a una simple timidez puede conducir a un niño a padecer problemáticas ansiosas más graves, como trastornos del lenguaje o del aprendizaje, fobia social, fobia escolar y depresión.

La timidez que persiste puede llegar a dificultar a largo plazo la vida del niño, pues repercutirá más adelante en sus estudios, así como en su vida profesional y amorosa.

Curar la timidez mórbida

Para ayudar eficazmente a un niño, hay que comprender que tras su timidez siempre se oculta el miedo a ser juzgado por los demás. Poco importa cómo se traduzca la timidez o las causas que la hayan provocado, el caso es que este

miedo es el elemento esencial sobre el que deberemos trabajar para obtener resultados rápidos y concluyentes.

En primer lugar, tendremos que conseguir que reconoz-
ca los miedos ligados a su problema. Para permitir que el
niño tome consciencia de sus miedos, podemos utilizar fra-
ses claves como las siguientes:

- ¿Se portan mal otros niños contigo?
- ¿Tienes la impresión de que a veces la gente se ríe de ti?
- ¿Hay veces en que dudas a la hora de hacer preguntas?
- ¿Hay veces en que no te permites a ti mismo pedir al-
go que necesitas?
- ¿Tienes miedo de no gustar a algunas personas?

Estas preguntas permiten identificar miedos como los
de ser rechazado, de sufrir, de ser ridiculizado o de parecer
incompetente. Una vez identificados, podemos ayudar al
niño a liberarse de ellos gracias al ejercicio que aparece en el
capítulo que trata de los miedos (véase página 39).

Si la timidez ha adoptado una forma mórbida y es
generalizada, podemos permitirle efectuar un trabajo de fon-
do utilizando el ejercicio del camino que aparece en el capítulo anterior.

Capítulo 11

El sueño infantil

El niño que vive un sentimiento de seguridad acepta con facilidad dejarse caer en el sueño cuando siente la necesidad de hacerlo. No obstante, cuando está inquieto, puede resistirse al cansancio, despertarse varias veces, efectuar demandas repetidas y otros subterfugios que tienen por objeto retrasar el momento de acostarse. Cuando la ansiedad se manifiesta con intensidad, es necesario utilizar las herramientas adecuadas, como la que consiste en determinar los miedos y liberarse de ellos o, para niños de más de seis años de edad, emplear el ejercicio de imaginación que aparece en este capítulo.

Sin embargo, existen elementos que ayudan a favorecer el sueño a todos los niños, que les proporcionan un cierto sentimiento de seguridad y que les permiten tranquilizar en parte sus inquietudes.

Ayudar al niño a dormir mejor

Existen cierto número de reglas que facilitan dormir mejor a los niños y que les permiten aprovecharlo plenamente para recuperar toda esa energía que gastan durante las horas en que permanecen despiertos.

– Avisarle con antelación de que debe acostarse dentro de 5 o 10 minutos, a fin de que disponga del tiempo necesario para hacerse a la idea. Hay que actuar de manera coherente y constante. Si se le dice que se acostará dentro de 10 minutos, no hay que esperar a que pase media hora.
– Durante este período se le conduce lentamente a realizar actividades más sosegadas, como la lectura de un cuento o una sesión corta de mimos y caricias. Siempre que sea posible hay que repetir el mismo escenario antes de acostarse, es decir, debe ser a la misma hora y constar de las mismas actividades tranquilizadoras, pues el niño se siente seguro con las costumbres que conoce.
– En el momento de acostarse se puede establecer con él un pequeño ritual, como por ejemplo repasar sus peluches para abrazarlos y desearles buenas noches, meterle en la cama, utilizar su manta favorita (u objeto), abrazarle, decirle que por la mañana habrá alguien en casa cuando se despierte y a continuación apagar la luz.

– Es importante que el niño asocie la cama con un lugar donde dormir y no como una zona de juegos o de castigo. También debe aprender que el sofá del salón o los brazos de los padres no son los mejores sitios para dormir.

Hacer que el niño acepte un ritual así requiere a veces de cierta firmeza, perseverancia y algunas noches de paciencia, pero todo ello será rápidamente recompensado. Tanto los padres como los hijos descubrirán ventajas: los pequeños desarrollarán una sensación de seguridad relacionada con el sueño, mientras que los padres hallarán descanso una vez que el hijo se ha dormido.

Disminuir la ansiedad relacionada con el sueño

En el momento de acostarse, el niño pequeño de entre dos y cinco años expresa sus inquietudes más profundas mediante su miedo a los monstruos o su temor a que un ladrón o alguien malo entre en casa durante la noche. Así manifiesta su impresión de hallarse en peligro.

Los peligros inconscientes en los que cree el niño suelen ser:

– volatilizarse mientras duerme;
– encontrarse en el vacío;
– ver que sus padres han desaparecido y que está solo al despertar.

Antes de los seis años de edad, es demasiado pequeño para que los argumentos racionales hagan mella en él. En ese caso, es necesario trabajar directamente sobre la forma que adopta el miedo (la más común son los monstruos) mediante juegos de rol o los dibujos, como ya hemos visto en el capítulo que trata de los miedos.

Los niños de más de seis años saben que los monstruos no existen y que una buena vigilancia impide que haya intrusos en casa. Como la lógica ha empezado a asentarse, dejan de utilizar esos pretextos irracionales para definir sus temores. No obstante, podrían conservar los miedos inconscientes a morir o a encontrarse solos, pero sin ser capaces de identificarlos con claridad.

Para los niños mayores, el trastorno del sueño suele manifestarse en una incapacidad para dormir debido a pensamientos que les asaltan constantemente y que les impiden calmar la mente. Se les puede ayudar a disminuir la intensidad del pensamiento mediante el siguiente ejercicio.

Hervidero de ideas

Este ejercicio tiene por objeto disminuir la agitación en la mente del niño en el momento de acostarse, pues está demasiado excitado como para poder dormir.

Procedimiento a seguir

- Este ejercicio se lleva a cabo cuando el niño está acostado y se queja de que no puede dormir. Nos sentamos cerca de él.
- Le explicamos que la dificultad proviene de que tiene demasiadas ideas dándole vueltas en la cabeza y que habría que adoptar un medio para que las ideas dejaran de agitarle.

– Le pedimos que imagine una cocina sobre la que hay una olla con agua hirviendo.

– Le ayudamos a que identifique uno a uno los pensamientos que le rondan, y en cada ocasión le sugerimos que meta ese pensamiento en la olla. El pensamiento también empieza a hervir.

– Cuando todos los pensamientos están dentro de la olla, le pedimos que imagine que la tapa y que apaga el fuego.

– Le decimos que el hervor se va calmando y... él también se calma.

– Ahora puede dormir.

Capítulo 12

La autoestima

La autoestima es la valía que nos concedemos en tanto que personas y se fundamenta en la manera en que nos percibimos a nosotros mismos.

De entrada, el niño no posee ninguna imagen de sí mismo ni ninguna consciencia acerca de su valía. Pero a través de la atención y el amor que le brindan las personas importantes en su vida aprende a verse. Si se siente amado, se da cuenta de que es importante y, en caso contrario, se percibe desvalorizado. A partir de entonces desarrolla el sentimiento de ser competente. Se opone, se afirma, intenta realizar elecciones personales y desarrolla diversas habilidades. Cuando las personas que le rodean le animan positivamente en sus tentativas, desarrolla confianza en su capacidad y competencia.

No existe ninguna receta mágica que permita a un niño desarrollar la autoestima precisa porque ésta es producto de la percepción que cada uno de los padres tiene de sí mismo, de las expectativas que mantiene con respecto al hijo y del temperamento de éste. Quien cuenta con una buena autoestima se ha beneficiado de una buena dosis de amor, de autonomía, de ánimos y de responsabilidad.

Los trastornos de la autoestima

En los niños que poseen una buena autoestima, ambos elementos cohabitan equilibradamente. Los niños con una pobre autoestima se minusvaloran y tienen dificultades para reconocer su competencia. Entre ambos extremos hay muchos que tienen una visión dividida de sí mismos: manifiestan estima respecto a uno de los componentes y menosprecio por el otro.

El amor que un niño obtiene de sus seres queridos desempeña un importante papel en la adquisición de autoestima, pero no es el único factor. El niño que recibe amor de su entorno se percibe como alguien importante y por lo general desarrolla una buena consciencia de su valía. No obstante, si está sobreprotegido, no podrá desarrollar su autonomía y se arriesgará a dudar de sus capacidades. Este niño posee una buena autoestima respecto a su valía, pero una débil percepción de su competencia. Si, por el contrario, se le incita siempre hacia los resultados, exigiéndole audacia y desenvoltura, puede desarrollar la creencia de que no carece de importancia si no es a través de los dos criterios de éxito y perfección, por lo que entonces su valía pasa a depender de su rendimiento. En ese caso, la autoestima oscila entre lo mejor y lo peor, dependiendo de los resultados obtenidos.

Por su parte, el niño que recibe poco amor de su entorno corre el riesgo de desarrollar la creencia de que no es importante y que carece de estimación personal. Si además se le hace sentir que es nulo e incompetente, añadirá a todo lo anterior la certeza de ser un inútil, de lo que se desprenderá un menosprecio general de sí mismo. Por otra parte, si se le anima a la búsqueda de resultados, puede revalorizarse y desarrollar consciencia de su competencia, aunque se conceda poco valor como persona.

Restaurar la autoestima en el niño

El aprendizaje de la autoestima se lleva a cabo cuando el niño tiene entre cero y seis años, pero no todo acaba cuando se alcanza la edad límite. Ello no significa que el niño de más de seis años que no haya desarrollado autoestima esté condenado de menospreciarse de por vida. Hay que tener en cuenta que dispone de una mente lógica que, aunque todavía fragmentaria, existe y está presente.

Un ejercicio apropiado para niños mayores de seis años permite eliminar las creencias falsas que hayan podido desarrollar respecto a su valía y competencia, ayudándoles a descubrir una visión más realista de sí mismos. Esta actividad puede ser iniciada por los padres, que la aplicarán en sus propios hijos, convirtiéndose en un excelente apoyo para los educadores y todos aquellos que intervengan individual o grupalmente con niños.

Procedimiento a seguir

Utilizar una cartulina grande y confeccionar una tabla que contenga el nombre del niño y 20 cajas que representen días numerados del 1 al 20.

Ejemplo

Tabla individual

Nombre del niño				
Día 1	Día 2	Día 3	Día 4	Día 5
Día 6	Día 7	Día 8	Día 9	Día 10
Día 11	Día 12	Día 13	Día 14	Día 15
Día 16	Día 17	Día 18	Día 19	Día 20

Tabla de grupo

	Nombre del niño	Nombre del niño	Nombre del niño	Nombre del niño
Día 1				
Día 2				
Día 3				
Día 4				

Día 5				
Día 6				
Día 7				
Día 8				
Día 9				
Día 10				
Día 11				
Día 12				
Día 13				
Día 14				
Día 15				
Día 16				
Día 17				
Día 18				
Día 19				
Día 20				

El niño identifica cada día una de sus cualidades y la escribe en la tabla. Los niños que carecen de autoestima y los perfeccionistas pueden experimentar dificultades para identificarlas. El adulto responsable puede en ese caso sugerirles alguna, dejando claro que el hecho de estar dotado de una cualidad no significa que sean perfectos en esa esfera, sino que son así la mayor parte del tiempo.

El ejercicio continúa durante 20 días y el niño aprende así a reconocer en sí mismo 20 elementos que le demuestran su valía y competencia. El hecho de prolongar el ejercicio durante una veintena de días permite que el cerebro infantil tenga tiempo de asimilar los nuevos datos y desprogramar las creencias falsas del pasado.

Dependiendo de los casos, se puede consultar la lista que sigue a continuación a fin de completar la identificación de las cualidades que los niños ya hayan reconocido.

Lista de cualidades

Afable	Curioso	Gracioso	Perseverante
Afectuoso	Decidido	Hábil	Infatigable
Amable	Discreto	Honrado	Respetuoso
Amistoso	Dulce	Imaginativo	Responsable
Aplicado	Educado	Inteligente	Risueño
Audaz	Espabilado	Ingenioso	Servicial
Bueno	Franco	Luchador	Simpático
Creativo	Generoso	Obediente	Sincero
Meticuloso	Apacible	Paciente	Sociable

Epílogo

Nuestros niños son aquellos de los que somos padres y, también, todos esos pequeños de los que somos responsables en tanto que sociedad. Por diversas razones, las problemáticas ansiosas proliferan entre los niños y nosotros contamos con pocas herramientas para hacer frente a la epidemia. Los recursos disponibles son escasos y suelen basarse en la medicación y sus numerosos efectos secundarios, en la terapia psicológica que puede resultar larga y costosa y, casi siempre, en la culpabilización de los padres.

Las reglas básicas para disminuir la inquietud en los niños consisten en ofrecerles un entorno seguro y tranquilizador, así como un una disciplina constante y que sea previsible y llena de cariño. El niño que se siente seguro tiene pocos motivos para inquietarse. En un mundo ideal, los niños no deberían tener que enfrentarse a la ansiedad y, así todo el mundo sería feliz. Todos vivirían en paz y serenidad. Pero hete aquí que el mundo en el que evolucionamos no responde a los criterios del idealismo. Por una parte, es magnífico, exuberante y repleto de amor. Por otra, está también lleno de individualismo, materialismo, búsqueda de resultados, violencia, maldad e incertidumbres.

Los niños deben enfrentarse a este mundo imperfecto y desarrollar su propia sensación de identidad y seguridad. Hay que enseñarles a protegerse y a defenderse, a realizar compromisos, a desarrollar confianza en sí mismos y en los demás, a reconocer los límites, a crearse referencias funcionales y a adquirir cierta autonomía. Algunos consiguen efectuar esta difícil progresión sin demasiados problemas y viven tranquilos, mientras que otros permanecen prisioneros de miedos ocasionados por sensaciones de impotencia, incomprensión e injusticia. En esta segunda categoría se hallan los niños ansiosos que se sienten indefensos ante las dificultades y peligros y que no aciertan a interiorizar los límites y las referencias funcionales. Son incapaces de afirmar su autonomía y siguen dependiendo de la presencia de los demás. Tienen la impresión de no poder hacer frente solos a un mundo que les parece amenazador, lo que les conduce a temer constantemente llegar a perder la presencia de los seres que les aportan seguridad.

Una vez dicho todo esto, resultaría vano intentar comprender antes de nada hasta el más mínimo detalle de todos los que conducen a la ansiedad infantil. El caso es que existe, y que no es posible evitársela a los pequeños, ni siquiera con la mejor voluntad del mundo. Por ello, es importante reconocer su existencia y dotarse de herramientas eficaces a fin de contrarrestarla cuando se manifiesta.

El niño que no llega a arrancar las raíces de su ansiedad corre el riesgo de ver cómo se perpetúa durante muchos años, e incluso durante toda su vida. Probablemente la podrá calmar durante algunos períodos, aunque volverá a aparecer solapadamente bajo otras formas y en otras épocas.

La medicación que se utiliza para tratar la ansiedad infantil no se ocupa de las raíces del mal. Se limita a dormir la planta y a calmar parcialmente la inquietud de los padres, que así tienen la impresión de hacer algo concreto para ayudar a su hijo. Nos hallamos en la era de la recuperación rápida y esta tendencia a administrar medicación psicotrópica a los niños se inserta en esa creencia que afirma que debe hacerse de todo rápidamente, sin demasiado esfuerzo, sin que importen las consecuencias negativas que pudieran aparecen a largo plazo. El niño que duerme no siente la inquietud, pero hay que tener claro que dormita continuamente, que se limita a sobrevivir y que no aprende a afrontar la vida.

La otra opción que se ofrece a los padres es la terapia psicológica de tipo cognitivo-conductual (TCC), cuyo objetivo es cambiar en el niño los diversos comportamientos inadecuados derivados de la presencia de la ansiedad. Para los niños de menos de cinco años, se hace hincapié sobre todo en la capacidad de intervención parental relativa al lugar que ocupa el pequeño en el marco familiar. En los niños de más de cinco años, la operación consiste en trabajar de forma más directa con ellos a fin de ayudarles a cambiar los pensamientos irracionales que subyacen a su comportamiento. Esta forma de terapia suele dar buenos resultados a la hora de modificar comportamientos inapropiados. Sin embargo, presenta dos puntos flacos. En primer lugar, requiere de mucho esfuerzo y tiempo, tanto por parte de los padres como del niño, pues este tipo de intervención se prolonga durante varios meses e implica un trabajo y una perseverancia constantes. En segundo lugar, la TCC suele permitir enderezar el árbol que crecía torcido, pero no se ocupa de las raíces que engendraron ese defecto de crecimiento. No tiene en cuenta el origen de la ansiedad, que puede manifestarse posteriormente adoptando la forma de otros comportamientos inadecuados.

La importancia de los síntomas vinculados con la ansiedad radica en su capacidad de darnos a conocer que existe un problema más profundo. Adormilar esos síntomas o simplemente intentar que desaparezcan equivale a taparse los oídos ante las llamadas de auxilio de un niño. El primer objetivo de la presente obra es capacitarnos para descodificar el sentido profundo de las problemáticas ansiosas a fin de poder llegar a comprender realmente los mensajes que el niño nos transmite a través de ellas. A continuación está el deseo de dotarnos de herramientas sencillas y de fácil aplicación que nos permitirán por fin poder realizar una buena intervención sobre la ansiedad que ataca a nuestros hijos y que a veces hace que nos sintamos tan impotentes.

Gracias a los ejercicios presentados en el libro hemos podido identificar los síntomas de la ansiedad infantil, las creencias subyacentes y los trastornos y comportamientos inadecuados que de todo ello se deriva. Tal vez hayas observado algunos de esos síntomas en ti mismo o en algunos de los adultos de tu entorno. Es normal, pues toda ansiedad cuyas raíces no se hayan eliminado se ha quedado ahí y se ha desarrollado, basada en las mismas creencias falsas y provocando las mismas consecuencias situacionales tanto en adultos como en niños, salvo que las consecuencias suelen agravarse y resultan más difíciles de controlar de mayores.

Qué regalo más hermoso podemos hacerles a nuestros hijos liberándolos inmediatamente de la inquietud que les corroe, para que puedan vivir plenamente los años que tienen por delante. Ahora ya contamos con los medios para procurarles ese tesoro que alegrará su presente y les garantizará un futuro mejor.

Índice